姜蒙 ◎ 编

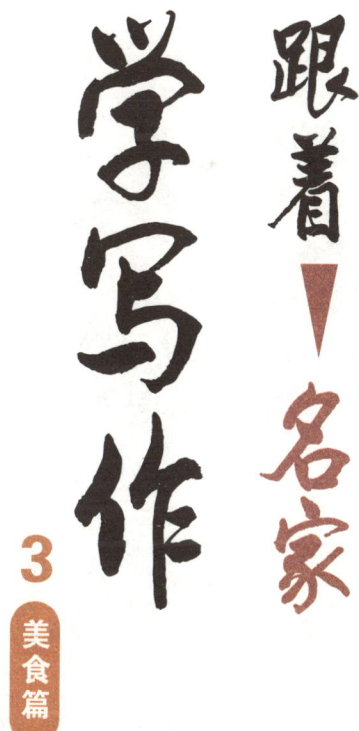

跟着名家学写作 ③ 美食篇

民主与建设出版社
·北京·

© 民主与建设出版社，2024

图书在版编目（CIP）数据

跟着名家学写作.3,美食篇/姜蒙编. —— 北京：民主与建设出版社，2024.7

ISBN 978-7-5139-4610-0

Ⅰ.①跟… Ⅱ.①姜… Ⅲ.①作文课 - 中小学 - 教学参考资料 Ⅳ.①G634.343

中国国家版本馆CIP数据核字（2024）第095115号

跟着名家学写作 3 美食篇
GENZHE MINGJIA XUE XIEZUO 3 MEISHI PIAN

编　　者	姜　蒙
责任编辑	彭　现
装帧设计	大千妙象
出版发行	民主与建设出版社有限责任公司
电　　话	（010）59417749　59419778
社　　址	北京市朝阳区宏泰东街远洋万和南区伍号公馆4层
邮　　编	100102
印　　刷	三河市兴达印务有限公司
版　　次	2024年7月第1版
印　　次	2025年1月第1次印刷
开　　本	710毫米×1000毫米　1/16
印　　张	14.5
字　　数	112千字
书　　号	ISBN 978-7-5139-4610-0
定　　价	168.00元（全三册）

注：如有印、装质量问题，请与出版社联系。

目 录

端午的鸭蛋（节选）· 汪曾祺 / 001

手把肉（节选）· 汪曾祺 / 014

贴秋膘（节选）· 汪曾祺 / 026

藕与莼菜 · 叶圣陶 / 039

茶　话（节选）· 周瘦鹃 / 053

吃莲花的 · 老舍 / 068

北京的春节（节选）· 老舍 / 080

落花生（节选）· 老舍 / 094

故乡的野菜（节选）· 周作人 / 106

喝　茶 · 鲁迅 / 118

炒栗子（节选）· 周作人 / 130

臭豆腐 · 周作人 / 143

胡桃云片（节选）· 丰子恺 / 154

冬　天（节选）· 朱自清 / 166

吃　的（节选）· 朱自清 / 179

说笋之类（节选）· 王任叔 / 194

食味杂记（节选）· 王鲁彦 / 206

咬菜根 · 朱湘 / 218

端午的鸭蛋（节选）

▲汪曾祺

腌蛋以高邮为佳，颜色细而油多，高文端公最喜食之。席间，先夹取以敬客，放盘中。总宜切开带壳，黄白兼用；不可存黄去白，使味不全，油亦走散。

高邮咸蛋的特点是质细而油多。蛋白柔嫩，不似别处的发干、发粉，入口如嚼石灰。油多尤为别处所不及。鸭蛋的吃法，如袁子才所说，带壳切开，是一种，那是席间待客的办法。平常食用，一般都是敲破"空头"，用筷子挖着吃。筷子头一扎下去，吱——红油就冒出来了。高邮咸蛋的黄是通红的。苏北有一道名菜，叫作"朱砂豆腐"，就是用高邮鸭蛋黄炒的豆腐。我在北京吃的咸鸭蛋，蛋黄是浅黄色的，这叫什么咸鸭蛋呢！

端午节，我们那里的孩子兴挂"鸭蛋络子"。头一天，就由姑姑或姐姐用彩色丝线打好了络子。端午一早，鸭蛋煮熟了，由孩子自己去挑一个，鸭蛋有什么可挑的呢？有！一要挑淡青壳的。鸭蛋壳有白的和淡青的两种。二要挑形状好看的。别说鸭蛋都是一样的，细看却不同。有的样子蠢，有的秀气。挑好了，装在络子里，挂在大襟的纽扣上。这有什么好看呢？然而它是孩子心爱的饰物。鸭蛋络子挂了多半天，什么时候孩子一高兴，就把络子里的鸭蛋掏出来，吃了。端午的鸭蛋，新腌不久，只有一点淡淡的咸味，白嘴吃也可以。

孩子吃鸭蛋是很小心的。除了敲去空头，不把蛋壳碰破。蛋黄蛋白吃光了，用清水把鸭蛋壳里面洗净，晚上捉了萤火虫来，装在蛋壳里，空头的地方糊一层薄罗。萤火虫在鸭蛋壳里一闪一闪地亮，好看极了！

名家 介绍

汪曾祺（1920—1997）中国作家。所作小说以短篇为主，《受戒》《大淖记事》等作品浑朴自然，在清淡委婉中透出浓郁的乡土气息。著有小说集《邂逅集》《汪曾祺短篇小说选》《晚饭花集》，散文集《蒲桥集》，文论集《晚翠文谈》等。

名家写作课

 神秘老师  妙妙  奇奇

 同学们,你们的家乡端午节都有哪些习俗呢?

 我们那边吃粽子、赛龙舟,还要戴五彩绳。

 我们那边还有插艾草,喝雄黄酒,哦,对了,还有吃咸鸭蛋,真是一想就流口水!

 今天我们就通过汪曾祺先生的《端午的鸭蛋》,来看看在他的家乡人们是如何过端午节的吧!由于原文较长,同学们可以课后自行阅读,我们只节选一部分,来学习一下**多种表达方式相结合**的写作方法。

 我知道,我们写作文的时候,**常用的表达方式有5种:记叙、说明、议论、描写和抒情**。

 没错。一般在一篇作文里,我们只用一种——讲故事用记叙,写植物、小动物用描写,介绍建筑物用说明,表达自己的看法用议论,抒发情感用抒情。但很多时候,我们需要把多种表达方式结合起来使用。

啊，那样不会写乱了吗？

不会的，咱们看看《端午的鸭蛋》就知道了。这篇文章记叙了作者家乡端午节的一些风俗，并且着重介绍了家乡咸鸭蛋的特色，表达了作者对儿时生活的怀念，以及对故乡的热爱和赞美之情。节选部分主要介绍了高邮咸鸭蛋，我们先看前两个自然段，大家找找作者用了哪些表达方式。

我找到了"说明"。作者从外观和食用两个角度对咸鸭蛋进行了说明介绍。比如"腌蛋以高邮为佳，颜色细而油多""高邮咸蛋的特点是质细而油多""高邮咸蛋的黄是通红的"三处介绍了咸鸭蛋的颜色和油多的特点。另外"总宜切开带壳……油亦走散""平常食用，一般都是敲破'空头'用筷子挖着吃"介绍了两种吃法，前一种是坐席的吃法，后一种是家常吃法。

我找到了描写和记叙。"筷子头一扎下去，吱——红油就冒出来了"使用了描写的方式，把咸鸭蛋油多的特点描写得富有动态感。"苏北有一道名菜……就是用高邮鸭蛋黄炒的豆腐""我在北京吃的咸鸭蛋，蛋黄是浅黄色的"这两句是记叙，通过两件事情的讲述，一方面介绍了咸鸭蛋的妙用，另一方面用北京的咸鸭蛋衬托出高邮咸鸭蛋的颜色好看。

很好,我来接着奇奇的补充一下。作者在描述北京的咸鸭蛋时接了这么一句,"这叫什么咸鸭蛋呢"实际上是议论的表达方式。作者通过这个感叹句发表了自己的看法,认为浅黄色的咸鸭蛋和高邮咸鸭蛋没法比。通过刚才的简单分析,大家体会出多种表达方式混合使用的妙处了吗?

我觉得这样不仅丰富了表达方式,而且可以让文章读起来更有趣。

是的。这篇文章以说明介绍为主,其中穿插了记叙、描写、议论和抒情,不仅丰富了文章的表达,更让内容鲜活生动,增添了趣味性。

我把我们刚才的分析梳理了一下,做成框架图,帮助大家更好地理解。

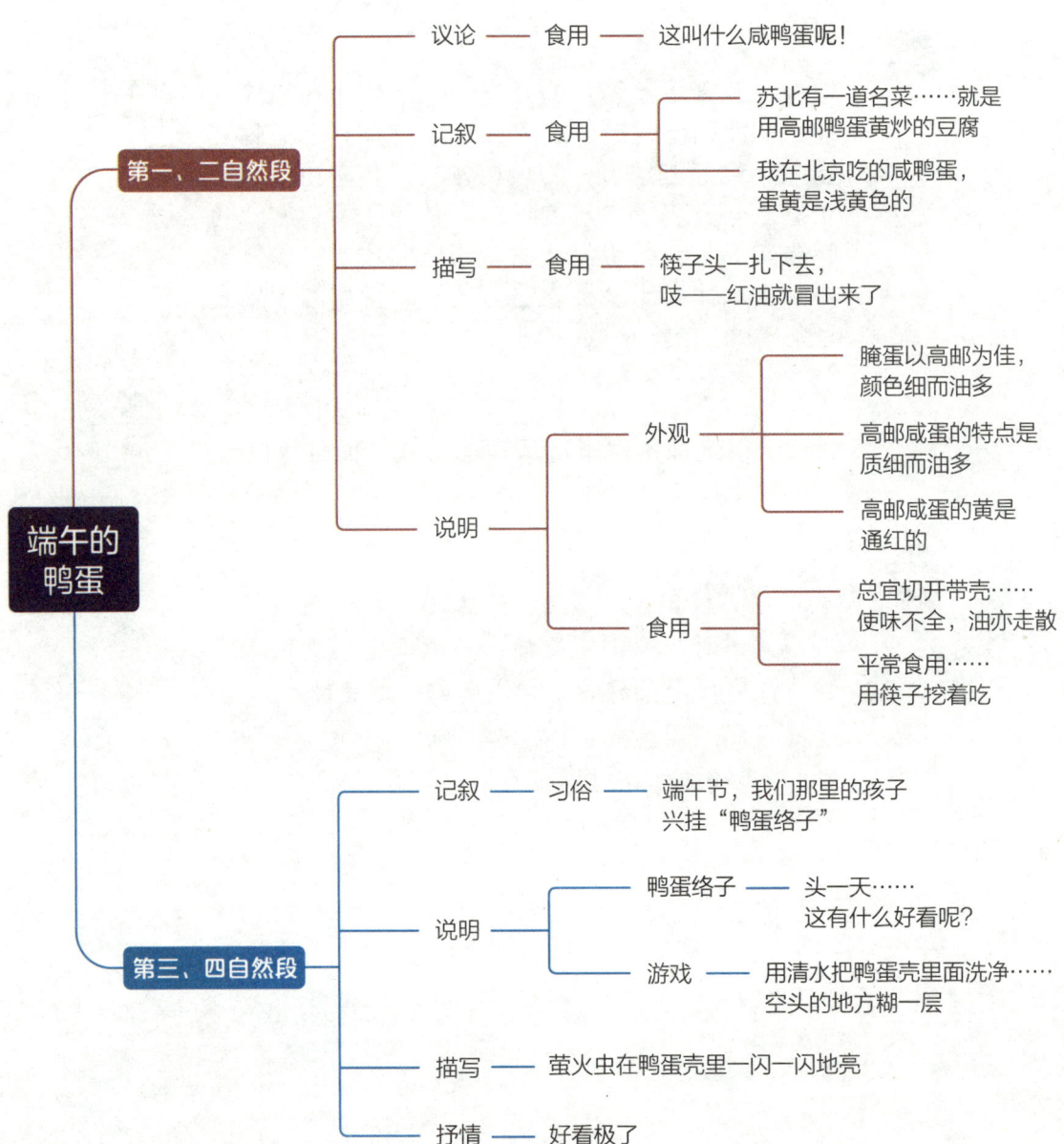

一、思路点拨

老师，我觉得只用一种表达方式，用好修辞，同样也能把文章写得很好呀，为什么要用多种表达方式呢？

老师先问你一个问题，假如让你写一篇借物喻人的文章，你会怎么写？

这个难不倒我。如果借助某种植物表达对某类人的赞美，可以前面描写植物的特点，中间把植物和人的特点相结合，最后结尾的时候赞美某类人。

那你赞美人的时候，会不会用到感叹句呢？

那当然了，不然的话多枯燥呀！我明白了，结尾的赞美就是在抒情，也就是说，借物喻人的文章里实际上用到了描写和抒情两种表达方式。

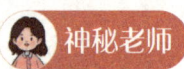

没错。如果使用单一的表达方式,很难写成一篇优美的文章,哪怕使用再多的修辞,也只能使句子优美,也只能把事物的形态特征写清楚。

但文章是需要有主旨、中心思想的。主旨和中心思想是需要抒情和议论才能展现出来的,光通过记叙和描写是做不到的。

我好像懂了一点儿。

你只要记住每种表达方式的特点就能区分和使用了。

神秘老师

妙妙说得没错,牢记每种表达方式的作用很重要。

记叙:讲述事情发展过程或者人物的经历。
描写:刻画事物的形态样貌和内心的心理状态。
说明:介绍事物的性质、成因、形状、特征等。
议论:发表对事物的看法、态度和见解,阐述道理。
抒情:抒发内心的情感,表达对事物的赞美。

二、技法指导

在不同类型的作文中，应该使用哪些表达方式，有什么作用呢？

我们写作文经常遇到以下几种：

1. 写人作文。
2. 记事作文。
3. 写景作文。
4. 说明文。
5. 议论文。

我经常写"写人作文"，在这种作文中，描写是用得最多的，其次是抒情。有的时候也会写故事，所以也包括记叙。

没错，写人作文的表达方式公式如下：

写人作文 = 描写 + 抒情 + 记叙

记事作文我知道,就是写起因、经过和结果。我一般会用记叙,有时候会写人或者写景——这是描写,结尾的时候会抒发情感——这是抒情。也就是说,记事作文一般会用到记叙、描写和抒情三种。

很好,记事作文的表达方式公式如下:

记事作文 = 记叙 + 描写 + 抒情

写景作文比较容易,比如借景抒情、借物喻人都属于这一类。不仅需要描写景物的特点,还要结合特点抒发情感,也就是会用到描写和抒情。

写景作文的表达方式公式如下:

写景作文 = 描写 + 抒情

这么一总结,感觉写作思路清晰了!

最后我来说一下说明文和议论文。说明文中最主要的表达方式是说明,不过就像今天我们学习的《端午的鸭蛋》,里面还有描写、议论、抒情和记叙等多种表达方式。所以说明文的表达方式公式如下:

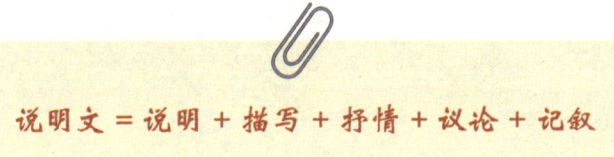

说明文 = 说明 + 描写 + 抒情 + 议论 + 记叙

而议论文可能会比较单一,因为在议论文中,议论为主,通常描写、记叙比较少,但会用到抒情。所以议论文的表达方式公式如下:

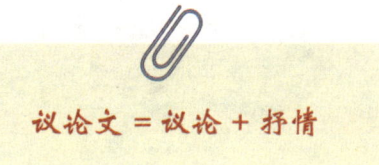

议论文 = 议论 + 抒情

 妙妙

我再来整理一下笔记，这样看起来就更加清晰啦！

写人作文 = 描写 + 抒情 + 记叙
记事作文 = 记叙 + 描写 + 抒情
写景作文 = 描写 + 抒情
说明文 = 说明 + 描写 + 抒情 + 议论 + 记叙
议论文 = 议论 + 抒情

写作练笔

　　同学们,通过学习《端午的鸭蛋》这篇文章,你掌握多种表达方式相结合的写作方法了吗?快拿起笔写一写你喜欢的节日习俗吧!

1. 想一想,你最喜欢的节日是什么,有哪些好玩的习俗?
2. 试着运用多种表达方式相结合的方法,把这些习俗写出来。

老师/家长点评

名篇欣赏

手把肉（节选）

▲ 汪曾祺

"手把肉"即白水煮切成大块的羊肉。一手"把"着一大块肉，用一柄蒙古刀自己割了吃。蒙古人用刀子割肉真有功夫。一块肉吃完了，骨头上连一根肉丝都不剩。吃手把肉过去是不预备佐料的，顶多放一碗盐水，蘸了吃。现在也有一点佐料，酱油、韭菜花之类。因为是现杀、现煮、现吃，所以非常鲜嫩。在我一生中吃过的各种做法的羊肉中，我以为手把羊肉第一。如果要我给它一个评语，我将毫不犹豫地说：无与伦比！

蒙古人真能吃肉。海拉尔有两位书记到北京东来顺吃涮羊肉，两个人要了十四盘肉，服务员问："你们吃得完吗?"一个书记说:"前几天我们在呼伦贝尔,五个人吃了一只羊!"

蒙古人不是只会吃手把肉,他们也会各种吃法。呼和浩特的烧羊腿,烂,嫩,鲜,入味。我尤其喜欢吃清蒸羊肉。我在四子王旗一家不大的饭馆中吃过一次"拔丝羊尾"。我吃过拔丝山药、拔丝土豆、拔丝苹果、拔丝香蕉,从来没听说过羊尾可以拔丝。外面有一层薄薄的脆壳,咬破了,里面好像什么也没有,一包清水,羊尾油已经化了。这东西只宜供佛,人不能吃,因为太好吃了!

我在新疆唐巴拉牧场吃过哈萨克的手抓羊肉。做法与内蒙古的手把肉略似,也是大锅清水煮,但切的肉块较小,煮的时间稍长。肉熟后,下面条,然后装在大瓷盘里端上来。下面是面,上面是肉。主人以刀把肉切成小块,客人以手抓肉及面同吃。吃之前,由一个孩子执铜壶注水于客人之手。客人手上浇水后不能向后甩,只能待其自干,否则即是对主人不敬。铜壶颈细而长,壶身镂花,有中亚风格。

名家写作课

神秘老师　　妙妙　　奇奇

同学们，你们喜欢吃羊肉吗？

我喜欢吃涮羊肉、孜然羊肉、羊杂汤，还有烤羊肉串！

今天，我们就跟随汪曾祺先生去品尝一下内蒙古的手把肉，也学习一种作文的结构。

既可以吃肉又能学作文技巧，太棒啦！

《手把肉》这篇文章记录了作者在内蒙古的见闻，以手把肉为中心介绍了内蒙古的风土人情，是一篇不可多得的风俗散文。我们节选了四个自然段的内容，大家来分析一下写了哪些内容。

第一自然段介绍了手把肉名字的由来，以及各种吃法。"白水煮切成大块的羊肉"解释了手把肉名称的由来，"用一柄蒙古刀自己割了吃""不预备佐料的，顶多放一碗盐水，蘸了吃"写的是手把肉在内蒙古的吃法。最后，作者发出了感慨"无与伦比"。

第二自然段和第三自然段主要介绍了内蒙古本地人关于羊肉的其他吃法。第二自然段通过一段见闻,直接写出"蒙古人真能吃肉"的特点。第三自然段介绍羊肉的其他两种吃法,比如"呼和浩特的烧羊腿"和"拔丝羊尾"。尤其用了很多笔墨介绍拔丝羊尾,"薄薄的脆壳""一包清水,羊尾油已经化了",通过口感展示特色,一句议论"只宜供佛,人不能吃,因为太好吃了"写出了这道菜的味道非常鲜美。

大家分析得很正确。最后我来说第四自然段,主要介绍了新疆羊肉的吃法。"大锅清水煮,但切的肉块较小"既写出了和内蒙古手把肉的相同,又写出了不同。相同之处是都是水煮,不同之处是新疆羊肉块小。"肉熟后,下面条……下面是面,上面是肉""以手抓肉及面同吃"写的是独特吃法。下手前,需要洗手,还不能往后甩水,写出了当地的风俗习惯。

老师,文章分析完了,但我没发现有什么特别的结构呀?

节选文章写了三个部分,分别是如何吃手把肉,内蒙古人其他羊肉吃法,以及新疆羊肉的吃法。独立看,这三部分内容各不相同,但它们都是由"手把肉"引出来的。

也就是说,"手把肉"是中心,而如何吃、其他吃法以及新疆吃法三个部分都是围绕"手把肉"来展开说的。

没错。举个例子来说,这种关系就好像车轮的轮轴和辐条,辐条是从轮轴辐射出去的。我们把这种文章结构叫作辐射结构。顾名思义,辐射结构就是由中心点向其他方面辐射介绍。注意,辐射出去的几个方面和中心有关系,但不是从属关系。

我懂了,辐射结构里,中心是线索,几个描写的内容是由中心联想出来的,对中心起到了补充作用。

没错,是这样的。使用辐射结构,能让文章内容更充实。我们最后总结一下吧。

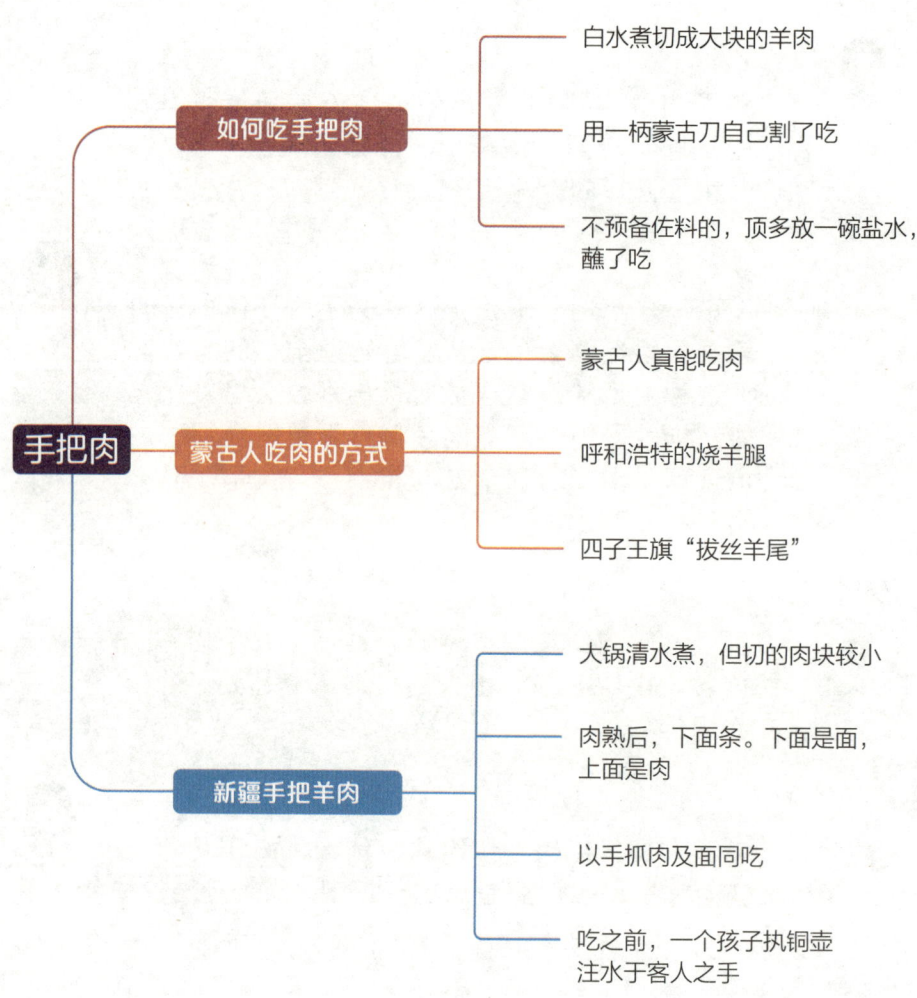

一、思路点拨

老师,我想到了我们之前学习的《白鹅》那篇文章,里面使用了并列结构。并列结构和辐射结构都是由中心分出来几个不同方面,它们有什么区别呢?

这个问题问得好,我把这两种结构对比一下。大家还记得并列结构中,每一个事例和中心的关系吗?

我记得并列结构中,每一个事例都是中心的一个方面,比如《白鹅》的中心是描写白鹅的高傲,作者分别从叫声、步态和吃饭三个方面来描写。三个方面都是用来表现"高傲"的,所以是并列关系。

而辐射结构,每一个事例都是由中心通过联想辐射出去的,这一点和并列结构类似。但每个事例不存在任何关系,另外每一个事例也不是中心的组成部分。

也就是说，在并列结构中，所有的事例组成了中心；而在辐射结构中，中心并不是由所有事例组成的。

没错，虽然在辐射结构和并列结构中，事例都围绕中心，但从属关系不同。这是两种结构最主要的区别。

以《手把肉》为例，辐射结构是先介绍手把肉，然后由手把肉辐射到羊肉的其他吃法等内容。

假如用并列结构来写手把肉，那就应该是介绍如何选择羊肉，如何水煮，如何吃，吃的时候有哪些礼节等。

通过老师的举例，我明白并列结构和辐射结构的区别了。

二、技法指导

老师，如果我们在作文里使用辐射结构，有哪些具体的方法呢？

使用辐射结构最重要的就是发散思维。在介绍写作步骤的时候，大家先要记住刚才提到的大前提：每一个事例都是由中心通过联想辐射出去的。但每个事例都不存在任何关系。每一个事例都不是中心的组成部分。

老师，我们都记住了。

接下来，我给大家总结了使用辐射结构的几个步骤：

1. 确定中心事物，并详细描写。

第一点是为了确定文章的中心，和并列结构的文章十分类似。

2. 详细介绍中心事物的特点。

根据描写事物的不同，使用的描写方法和描写角度也不一样。比如描写小动物，要写它的动作、神态、习性等；描写植物，需要写叶子、花朵、形态等；描写具体物品，则需要介绍功能、用法等。

老师，这些我们都记住啦。

非常好,接下来就是最重要的发散思维,一般可以从两个角度进行发散:

1. 围绕中心事物,从相同事物的角度进行发散。
2. 围绕中心事物,从反面事物的角度进行发散。

在具体使用的时候,每个方面发散的事例多少根据具体描写事物确定。比如今天我们学习的《手把肉》这篇文章,作者就是从"相同事物的角度"进行发散的,发散出三个方面,内容全都和手把肉有正面的联系。

原来辐射结构也可以从反面发散啊!

那当然啦。比如今天的文章,第一自然段作者有这样一句话:"在我一生中吃过的各种做法的羊肉中,我以为手把羊肉第一。"也就是说,作者在吃的时候,是和其他地方的羊肉进行了对比,只不过没有写出来。假如写出来的话,这就是反面发散了,相当于对比衬托。

妙妙

原来是这样。看来想要掌握辐射结构,我们还得仔细研究一下《手把肉》这篇文章呢。

写作练笔

同学们,通过今天的学习,你掌握辐射结构了吗?快拿起笔写一写吧!

1. 选择一种你最喜欢的美食。
2. 以这种美食为中心,发散思维,想一想和它相关的食物和故事。
3. 使用辐射结构把这些事物描写出来。

老师/家长点评

贴秋膘（节选）

▲汪曾祺

人到夏天，没有什么胃口，饭食清淡简单，芝麻酱面（过水，抓一把黄瓜丝，浇点花椒油）；烙两张葱花饼，熬点绿豆稀粥……两三个月下来，体重大都要减少一点。秋风一起，胃口大开，想吃点好的，增加一点营养，补偿补偿夏天的损失，北方人谓之"贴秋膘"。

北京人所谓"贴秋膘"有特殊的含意，即吃烤肉。

烤肉大概源于少数民族的吃法。成吉思汗当然是吃羊肉的，"秘史"里几次提到他到了一个什么地方，吃了一只"双母乳的羊羔"。羊羔而是"双母乳"

（两只母羊喂奶）的，想必十分肥嫩。一顿吃一只羊羔，这食量是够可以的。但似乎只是白煮，即便是烤，也会是整只地烤，不会像北京的烤肉一样。如果是北京的烤肉，他吃起来大概也不耐烦，觉得不过瘾。我去过内蒙①几次，也没有在草原上吃过烤肉。那么，这是不是蒙古②料理，颇可存疑。北京卖烤肉的，都是回民馆子。"烤肉宛"原来有齐白石写的一块小匾，写得明白："清真烤肉宛"，这块匾是写在宣纸上的，嵌在镜框里，字写得很好，后面还加了两行注脚："诸书无烤字，应人所请自我作古。"我曾写信问过语言文字学家朱德熙，是不是古代没有"烤"字，德熙复信说古代字书上确实没有这个字。看来"烤"字是近代人造出来的字了。这是不是回民的吃法？我到过回民集中的兰州，到过新疆的乌鲁木齐、伊犁、吐鲁番，都没有见到如北京烤肉一样的烤肉。烤羊肉串是到处有的，但那是另外一种。北京的烤肉起源于何时，原是哪个民族的，已不可考。反正它已经在北京生根落户，成了北京"三烤"（烤肉，烤鸭，烤白薯）之一，是"北京吃儿"的代表作了。

---

① 此处说法依照作者原文，现行规范说法为"内蒙古"。
② 同上。

北京烤肉是在"炙子"上烤的。"炙子"是一根一根铁条钉成的圆板，下面烧着大块的劈材，松木或果木。羊肉切成薄片（也有烤牛肉的，少），由堂倌在大碗里拌好佐料——酱油，香油，料酒，大量的香菜，加一点水，交给顾客，由顾客用长筷子平摊在炙子上烤。"炙子"的铁条之间有小缝，下面的柴烟火气可以从缝隙中透上来，不但整个"炙子"受火均匀，而且使烤着的肉带柴木清香；上面的汤卤肉屑又可填入缝中，增加了烤炙的焦香。过去吃烤肉都是自己烤。因为炙子颇高，只能站着烤，或一只脚跺在长凳上。大火烤着，外面的衣裳穿不住，大都脱得只穿一件衬衫。满屋子都是烤炙的肉香，这气氛就能使人增加三分胃口。平常食量，吃一斤烤肉，问题不大。吃斤半，二斤，二斤半的，有的是。自己烤，嫩一点，焦一点，可以随意。而且烤本身就是个乐趣。

名家写作课

神秘老师　　妙妙　　奇奇

今天我们学习一篇关于烤肉的文章——汪曾祺先生的《贴秋膘》。这篇文章从贴秋膘的风俗说起，谈到了北京的贴秋膘，然后引申出对烤肉的介绍，文章结构清晰，描写更是形象生动，让人看着都流口水！

作者把烤肉写得太诱人了！

大家思考一个问题：作者的写作思路是什么呢？

我认为作者的写作思路是先从夏天没胃口身体会减重写起，引出了秋天贴秋膘的风俗。随后由贴秋膘引出了北京贴秋膘是吃烤肉。介绍完烤肉的来历之后，又转而介绍北京烤肉。所有的内容就好像用一条线穿起来似的。

妙妙一下就抓住了文章的思路重点。没错，作者确实采用了类似一线穿珠的结构，不过我们一般叫作分级结构。分级结构的意思是由大到小逐级拆解和细化，然后逐级介绍。接下来我们逐级来看一下吧。

本篇文章主要分成了四级:

第一级,贴秋膘。
第二级,北京贴秋膘是吃烤肉。
第三级,烤肉的分类。
第四级,北京烤肉。

第一级是第一自然段,相当于是引子,由夏天胃口不好,体重会下降,引出了文章的中心——秋天贴秋膘。

第二级是第二自然段,虽然只是一句话,但起到了过渡和承接的作用,将贴秋膘的话题转到了烤肉上。贴秋膘可以吃很多食物,每一种都是一个细分的级别,而作者选择了烤肉这个细分级别。

是的,烤肉作为第三级,也有很多更小的细分级别,比如烤肉的种类,烤肉的来历等。作者选择了烤肉的来历,也就是第三自然段的内容,主要通过引用资料,介绍了蒙古①烤肉和回族烤肉。通过资料论证"《元朝秘史》,并没有看到烤肉",作者认为"成吉思汗烤肉"并不是蒙古②烤肉,没有历史依据。而通过作者亲身经历"我到过回民集中的兰州,到过新疆的乌鲁木齐、伊犁、吐鲁番,都没有见到如北京烤肉一样的烤肉",表明北京的烤肉也不是源于回族。

---

① 此处说法依照作者原文,现行规范说法为"内蒙古"。
② 同上。

接下来最后一自然段主要介绍了北京烤肉的工具、配菜和吃法。"一根一根铁条钉成的圆板""下面烧着大块的劈材，松木或果木"介绍的是烤肉的工具，铁篦子和木炭；"羊肉切成薄片""酱油，香油，料酒，大量的香菜，加一点水"介绍的是烤肉的菜；"顾客用长筷子平摊在炙子上烤"说的是烤肉的吃法。此外，作者还描写了烤肉时的情景，"柴烟火气可以从缝隙中透上来""使烤着的肉带柴木清香""汤卤肉屑又可填入缝中，增加了烤炙的焦香"简单几句话，就把烤肉的制作场景描绘得色香味俱全。

奇奇总结得很到位。快结尾的时候，作者把过去的烤肉和现在的烤肉进行了对比，表达出了对过去烤肉的怀念。通篇文章，作者使用了分级介绍的结构，让读者能够抽丝剥茧、深入细致地了解烤肉。最后，我们总结一下作者的思路吧！

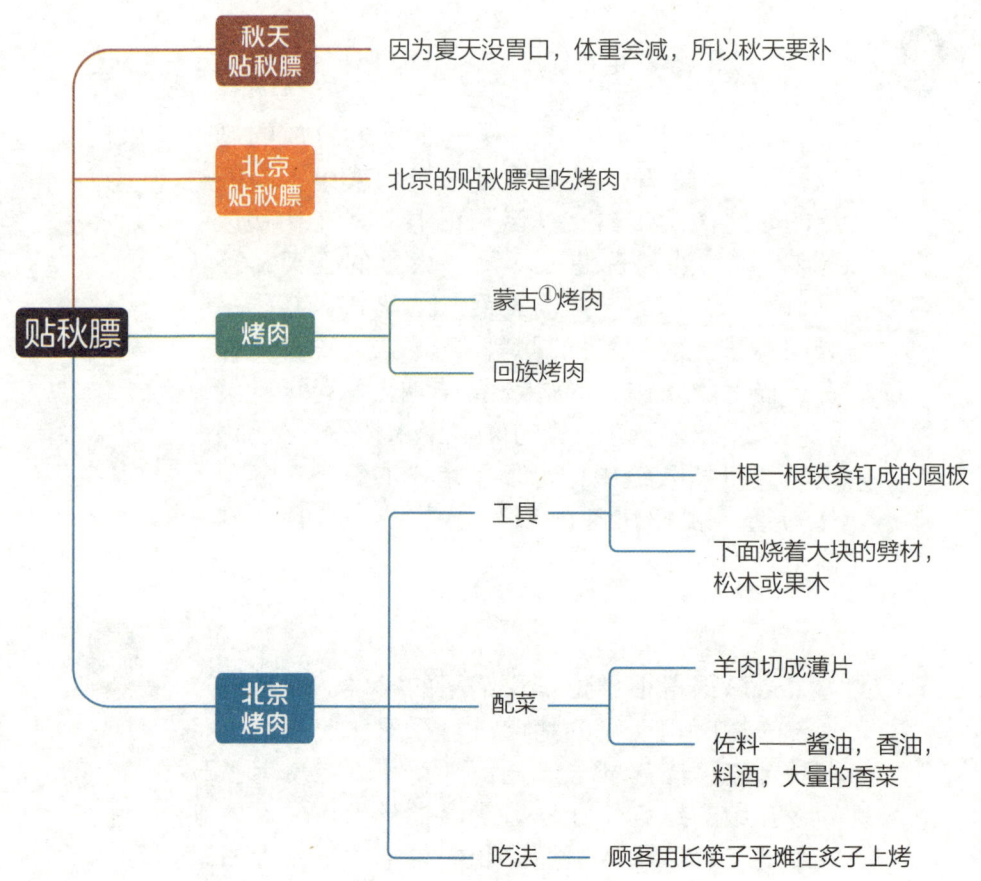

① 此处说法依照作者原文，现行规范说法为"内蒙古"。

写作加油站

一、思路点拨

妙妙

老师,我发现使用分级结构写文章,能让文章更有条理性,好像比并列结构还要清晰呢!假如我们用分级结构写作文,应该注意什么呢?

神秘老师

没错,分级结构最大的作用就是抽丝剥茧,让文章有条理。分级结构就像俄罗斯套娃,大家都玩儿过吗?

奇奇

我玩儿过,俄罗斯套娃拿起一个,里面还有一个,再拿起来,里面还有。一个娃娃套一个娃娃。

神秘老师

很好,分级结构的每一部分内容就像俄罗斯套娃中的一个娃娃,每一级都被上一级包含,同时包含下一级。

妙妙

老师,能举个例子吗?

神秘老师

比如我们在学习描写植物的方法时,学到了分门别类法,其中就有一个多级分类。但多级分类法和分级结构不同。前者是对多种事物从不同角度进行分类描写。而分级结构是对同一类事物, 由高级别向低级别细分。

比如使用多级分类描写火锅,先分别描写老北京铜锅、重庆鸳鸯锅。接着可以按锅底不同分类,写清汤锅、番茄锅、牛油锅;还可以按食材的不同分类,写羊肉锅、牛肉锅、血旺锅、鲜鱼锅等。

妙妙

那分级结构描写火锅,应该怎么写呢?

神秘老师

分级结构描写火锅,是针对一种类型的火锅。比如写老北京铜锅涮羊肉,先从整体上概述老北京铜锅涮羊肉;然后按照不同店家和特色分类,具体写某一家的特点;最后再把这家店的火锅按照食材分类,逐一介绍它家每种食材的特点。你们看,我们从大到小,从上到下,逐级来写,这就是分级结构。

奇奇

原来是这样呀!经过老师的分析,我就清楚多了。

二、技法指导

神秘老师

用分级结构写作文,应该怎么写呢?老师给大家总结了构思步骤和写作步骤。

我们先来说构思步骤:

1. 确定描写对象。
2. 向上溯源,寻找描写对象的上级。
3. 向下延展,确定描写对象的下级。
4. 列出分级线索:

第一级 → 第二级 → 第三级 → 第四级

妙妙

老师,假如我要写粽子,应该怎么构思呢?

神秘老师

想要写粽子,相当于确定了描写对象。第二步寻找粽子的上级。其实和烤肉类似,汪曾祺先生由贴秋膘想到烤肉,那你可以由端午节引出粽子,也就是说,端午节的美食就是粽子的上级。而粽子的下级可以是包粽子的食材,比如枣、糯米、粽叶等;也可以是南方粽子和北方粽子的区别。

奇奇

哇,分级结构真的是一种全新的文章思路,和以前描写小动物的作文完全不一样呢!

神秘老师

也不能这么说。文章结构只是骨架,但具体到内文的描写和说明,依然是我们学过的那些方法,比如描写小猫时,要分别从毛发、习性、叫声和食性等角度下笔。这些是不变的。

妙妙

老师,那接下来具体写的时候,有哪些步骤呢?

神秘老师

用分级结构写文章的原则就是从大往小写。

1. 先写大类,也就是介绍第一级的内容,一般概括描述。

2. 第二级描写共性的特点。

3. 描写唯一性与独特性。

我们仍以写粽子为例。

第一级介绍端午节的来历、端午节的习俗,进而引出端午节的美食。这些都是粗略描写。

第二级由端午节的美食，重点引到粽子上面。分别介绍粽子的来历、粽子的食材以及包粽子的手法等，这些属于粽子的共性描写。

第三级具体到某一类的粽子，可以聚焦在南方粽子，也可以是北方粽子，或者描写自己家乡粽子的特点。这些特点就是唯一性和独特性。

妙妙

学会了分级结构，我这就去练练笔。

写作练笔

同学们,通过《贴秋膘》的学习,你掌握文章的分级结构了吗?快拿起笔写一写吧!

1. 火锅分成很多种,潮汕牛肉火锅、重庆火锅、老北京铜锅,等等。
2. 你最常吃的是哪种火锅?
3. 将以上信息按照分级结构整理思路,写一篇关于火锅的文章吧!

老师/家长点评

名篇欣赏

藕与莼菜

▲ 叶圣陶

同朋友喝酒,嚼着薄片的雪藕,忽然怀念起故乡来了。若在故乡,每当新秋的早晨,门前经过许多乡人:男的紫赤的胳膊和小腿肌肉突起,躯干高大且挺直,使人有健康的感觉;女的往往裹着白地青花的头巾,虽然赤脚,却穿短短的夏布裙,躯干固然不及男的那样高,但是别有一种健康的美的风致。他们各挑着一副担子,盛着鲜嫩的玉色的长节的藕。在产藕的池塘里,在城外曲曲弯弯的小河边,他们把这些藕一再洗濯,所以这样洁白。仿佛他们以为这是供人品味的珍品,这是清晨的画境里的重要题材,倘若涂满污泥,就把人家欣赏的浑凝之感打破了。这是一件罪过的事，他们不愿意担在身上，故而先把它们洗濯得这样洁白，才挑进城里来。他们要稍稍休息的时候，就把竹扁担横在地上，自己坐在上面，随便拣择担里过嫩的"藕枪"或是较老的"藕朴"，大口地嚼着解渴。过路的人就站住了，红衣衫的小姑娘拣一节，白头发的老公公买两支。清淡的甘美的滋味于是普遍于家家户户了。这种情形差不多是平常的日课，直到叶落秋深的时候。

在上海这里，藕这东西几乎是珍品了。大概也是从我们故乡运来的，但是数量不多，自有那些伺候豪华公子、硕腹巨贾的帮闲茶房们把大部分抢去了；其余的就要供在较大的水果铺里，位置在金山苹果、吕宋香芒之间，专待善价而沽。至于挑着担子在街上叫卖的，也并不是没有，但不是瘦得像乞丐的臂和腿，就是涩得像未熟的柿子，实在无从欣羡。因此，除了仅有的一回，我们今年竟不曾吃过藕。

这仅有的一回不是买来吃的，是邻居送给我们吃的。他们也不是自己买的，是从故乡来的亲戚带来的。这藕离开它的家乡大约有好些时候了，所以不复呈玉样的颜色，却满披着许多锈斑。削去皮的时候，刀锋过处，很不爽利。切成片送进嘴里嚼着，有些甘味，但是没有那种鲜嫩的感觉，而且似乎含了满口的渣，第二片就不想吃了。只有孩子很高兴，他把这许多片嚼完，居然有半点钟工夫不再做别的要求。

想起了藕就联想到莼菜。在故乡的春天，几乎天天吃莼菜。莼菜本身没有味道，味道全在于好的汤。但是嫩绿的颜色与丰富的诗意，无味之味真足令人心醉。在每条街旁的小河里，石埠头总歇着一两条没篷的船，满舱盛着莼菜，是从太湖里捞来的。取得这样方便，当然能日餐一碗了。

而在上海这里又不然，非上馆子就难以吃到这东西。我们当然不上馆子，偶然有一两回去叨扰朋友的酒席，恰又不是莼菜上市的时候，所以今年竟不曾吃过。直到最近，伯祥的杭州亲戚来了，送他瓶装的西湖莼菜，他送给我一瓶，我才算也尝了新。

向来不恋故乡的我，想到这里，觉得故乡可爱极了。我自己也不明白，为什么会起这么深浓的情绪？再一思索，实在很浅显：因为在故乡有所恋，而所恋又只在故乡有，就萦系着不能割舍了。譬如亲密的家人在那里，知心的朋友在那里，怎得不恋恋？怎得不怀念？但是仅仅为了爱故乡么？不是的，不过在故乡的几个人把我们牵系着罢了。若无所牵系，更何所恋念？像我现在，偶然被藕与莼菜所牵系，所以就怀念起故乡来了。

所恋在哪里，哪里就是我们的故乡了。

名家 介绍

叶圣陶（1894—1988），名绍钧，字秉臣，后改字圣陶。中国作家、教育家、出版家、社会活动家。曾发表童话集《稻草人》和小说集《隔膜》《火灾》等。

名家写作课

神秘老师 **妙妙** **奇奇**

神秘老师： 同学们，你们的故乡有没有一种特别的菜肴让你始终难忘呢？

妙妙： 我喜欢吃我老家的土豆，又沙又糯，尤其是烤着吃特别美味。

奇奇： 我喜欢吃故乡的大葱，我们那里的大葱一点也不辣，还很甜呢。

神秘老师： 看来大家对故乡的菜都有很深的感情。今天，我们要学习的这篇文章是《藕与莼菜》，它的作者是叶圣陶先生，文章主要通过回忆故乡的藕和莼菜，借物抒情，表达了作者对故乡的思念和热爱之情。我们先来看一下文章的思路。

妙妙： 全文分成了七个自然段。开篇第一句就是本文的中心句。接着围绕中心句，作者由藕联想到了故乡，分成了三个部分来写，分别是挖藕的人、洗藕的场景和卖藕的场景。

说得很好，接下来我们一一来分析。

"男的紫赤的胳膊和小腿肌肉突起，躯干高大且挺直""女的往往裹着白地青花的头巾……有一种健康的美的风致"描写的是故乡挖藕人的形象，通过外貌和衣着的描写，体现了劳动人民的自然美。

"在产藕的池塘里，在城外曲曲弯弯的小河边，他们把这些藕一再洗濯，所以这样洁白。"生动再现了挖藕人的勤劳，以及对自身劳动成果的珍视。

"随便拣择担里过嫩的'藕枪'或是较老的'藕朴'，大口地嚼着解渴""红衣衫的小姑娘拣一节""白头发的老公公买两支"三句描写的是卖藕的情景，可见在城里这种美味十分抢手。也表现出了作者的自豪之情。

第二自然段和第三自然段写的是城里的藕，是作者由故乡的藕联想到的，并把故乡的藕和城里的藕进行了对比。

这两段内容，我们可以通过卖藕和吃藕进行对比。

"在上海这里，藕这东西几乎是珍品了"可见城里的藕是很少见的，不像故乡到处都是，说明原本很普通的东西到了城里就和普通百姓离得很远了。而好的藕"自有那些伺候豪华公子、硕腹巨贾的帮闲茶房们把大部分抢去了"，留给普通民众的只有"不是瘦得像乞丐的臂和腿，就是涩得像未熟的柿子"，这是一种悲哀，体现了作者对当时社会现实的一种感慨。

不仅数量稀少，品质也比不上故乡："不复呈玉样的颜色，却满披着许多锈斑""削去皮的时候，刀锋过处，很不爽利"。吃起来的口感更是差："没有那种鲜嫩的感觉""第二片就不想吃了"。

通过对比，让作者更加怀念故乡的藕，更加怀念故乡的人。

接下来第四自然段和第五自然段提到了莼菜，这是由藕联想到的，也使用了对比的手法。分别用故乡的莼菜和上海的莼菜对比。

"故乡的春天，几乎天天吃莼菜""石埠头总歇着一两条没篷的船，满舱盛着莼菜，是从太湖里捞来的"，这两句说明莼菜在故乡是很常见的家常菜，虽然普通，但其"嫩绿的颜色与丰富的诗意"却饱含着作者的深厚情感和高度赞誉。

反观上海的莼菜，"非上馆子就难以吃到这东西"，而且吃到的肯定不是从太湖里采摘的新鲜莼菜。

两相对比，更增加了作者对故乡的思念，于是顺理成章的，第六自然段写到了对故乡的思念。

也就是说，前面的一番介绍，都是对第六自然段抒情的铺垫。

没错，而且大家会发现，作者运用了一种特别的行文结构——**联想结构**。意思是作者所描写的事物之间没有什么关系，都是一个接一个联想到的，进而连缀成篇。

老师，我发现了。比如"嚼着薄片的雪藕，忽然怀念起故乡来了"是**由藕联想到故乡**，然后又**联想到故乡卖藕**。接着"想起了藕就联想到莼菜"，进而描写莼菜。最后**通过藕与莼菜，表达了对故乡的思念之情，升华了主题**，全文都是用联想串联起来的。

很好，妙妙几乎把我要说的都总结出来了。作者正是通过联想将事物进行对比，最后将心底的情感抒发出来，表达了对故乡的思念。这就是作者使用联想写作手法的高超之处。最后我们总结一下全文的思路。

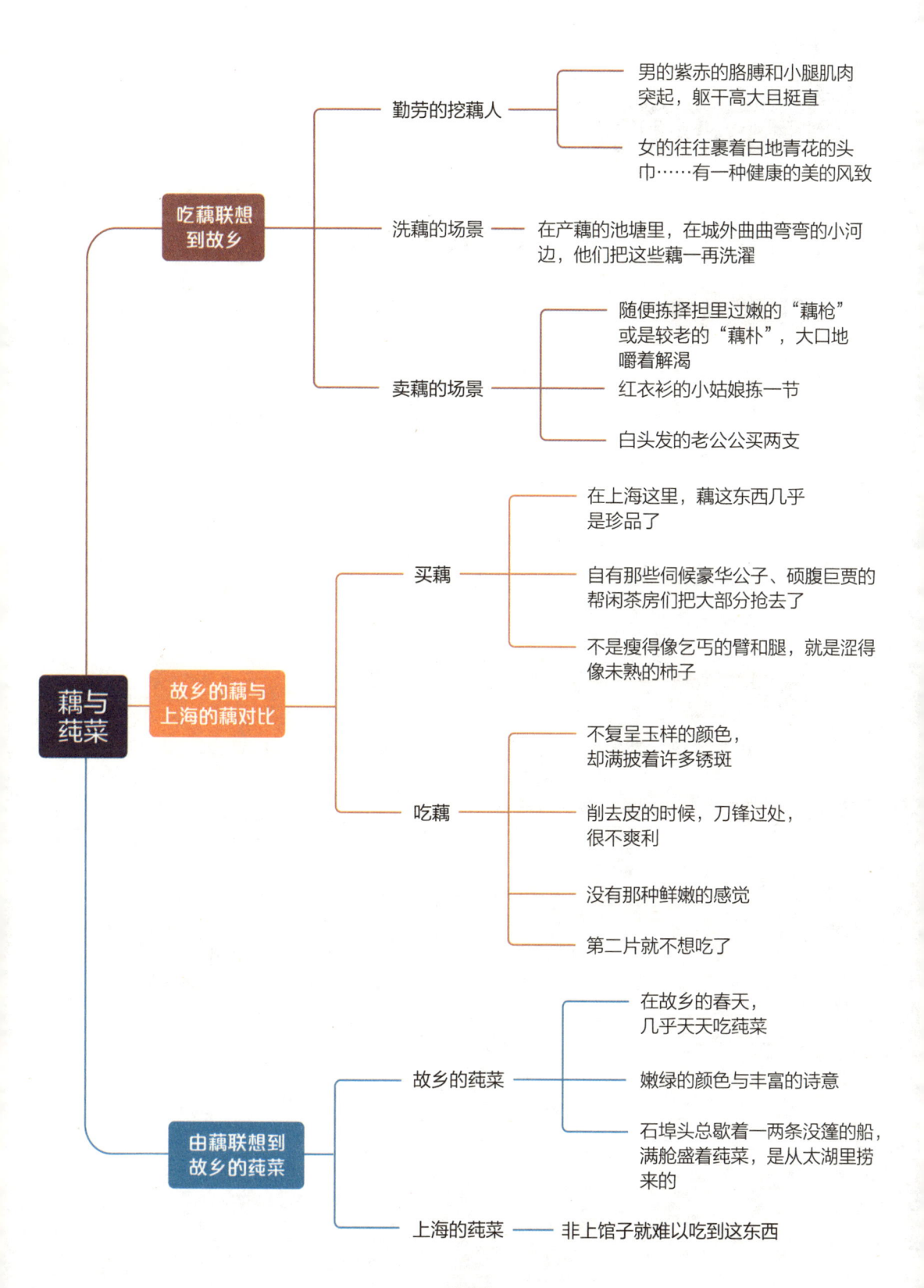

藕与莼菜

吃藕联想到故乡

- **勤劳的挖藕人**
  - 男的紫赤的胳膊和小腿肌肉突起，躯干高大且挺直
  - 女的往往裹着白地青花的头巾……有一种健康的美的风致
- **洗藕的场景**：在产藕的池塘里，在城外曲曲弯弯的小河边，他们把这些藕一再洗濯
- **卖藕的场景**
  - 随便拣择担里过嫩的"藕枪"或是较老的"藕朴"，大口地嚼着解渴
  - 红衣衫的小姑娘拣一节
  - 白头发的老公公买两支

故乡的藕与上海的藕对比

- **买藕**
  - 在上海这里，藕这东西几乎是珍品了
  - 自有那些伺候豪华公子、硕腹巨贾的帮闲茶房们把大部分抢去了
  - 不是瘦得像乞丐的臂和腿，就是涩得像未熟的柿子
- **吃藕**
  - 不复呈玉样的颜色，却满披着许多锈斑
  - 削去皮的时候，刀锋过处，很不爽利
  - 没有那种鲜嫩的感觉
  - 第二片就不想吃了

由藕联想到故乡的莼菜

- **故乡的莼菜**
  - 在故乡的春天，几乎天天吃莼菜
  - 嫩绿的颜色与丰富的诗意
  - 石埠头总歇着一两条没篷的船，满舱盛着莼菜，是从太湖里捞来的
- **上海的莼菜**：非上馆子就难以吃到这东西

写作加油站

一、思路点拨

神秘老师

联想结构，是一种看似简单，实则巧妙的行文思路。很多同学在初次尝试时，经常会进行没有逻辑的联想，最后把文章写成流水账。

奇奇

老师，那什么样的联想是没有逻辑的联想，什么样的又是正确的联想呢？

神秘老师

这个问题问得好。我们先来说什么样的联想是正确的。

第一，坚定地围绕中心意思写。

比如今天学习的这篇文章，为什么作者只想到了藕与莼菜？为什么没有想到大葱、土豆、大白菜呢？

妙妙

因为这些东西不是叶圣陶先生故乡的特产。

神秘老师

太棒啦,就是这个原因。所以作者无论怎么联想,都离不开"故乡"二字,只有故乡的东西才能引起作者联想。这就是联想要围绕中心写的意思。

第二,联想之物要能引起强烈的情感共鸣。

奇奇

这个好理解,联想最常见的作用是抒情,所以作文中作为线索联想到的事物,都要能引起作者和读者的情感共鸣。

神秘老师

没错。联想结构往往伴随着强烈的抒情,而情感自然是由联想的事物引发的。假如联想的事物不能引起情感的波动,那写出来就会变成没有意义的流水账。

二、技法指导

妙妙

老师,那在写作文的时候,具体如何使用联想结构呢?

神秘老师

我们知道文章结构类似文章的骨架,而各种描写方法属于文章的血肉。搭建文章骨架要在写文章之前完成,所以无论使用任何结构,在写之前都要构思。

奇奇

那联想结构如何构思呢?

神秘老师

使用联想结构构思的时候,需要注意三个点:

1. 确定文章中心和抒发的情感。
2. 围绕中心和情感,确定主要的描写对象。
3. 以主要描写对象为核心,沿着文章中心发散。

妙妙

老师,前两条我都明白,第三条怎么理解呢?

神秘老师

我们举个例子吧。假如让我们借助故乡的土豆来写一篇抒情散文,该怎么写呢?

第一步,确定文章中心和抒发的情感。即通过对种土豆、挖土豆以及用土豆做的各种美食的描写,抒发对故乡的思念。

第二步，围绕中心，确定描写对象。描写对象就是土豆。

第三步，沿着中心发散。和土豆有关的，并且和中心思想有关的都可以。比如发生在过去的和土豆有关的一件小事；比如其他地方的土豆和故乡的土豆对比；甚至可以联想到土豆的原产地，历史上关于土豆的故事等。

奇奇

我懂了，只要和主要描写对象与中心有关系就可以了。

神秘老师

有了这些材料，就可以按照正常的抒情散文的结构来描写了。注意，在写作文的时候，联想的事情之间要过渡顺畅，可以像今天学习的《藕与莼菜》那样，使用类似"想起了藕就联想到莼菜"这样的句子过渡。

写作练笔

今天的学习结束啦,通过《藕与莼菜》,你学会联想结构了吗?快动手试一试吧!

1. 你的故乡在哪里?故乡的哪种事物最能引起你的思念?
2. 试着围绕这件事物,用联想结构写一篇抒情散文吧!

老师/家长点评

名篇欣赏

茶 话（节选）

▲周瘦鹃

茶，是我国的特产，吃茶也就成了我国人民特有的习惯。

茶有"茗""槚（jiǎ）"等别名。据《尔雅》说，早采者为茶，晚取者为茗，槚是苦茶。

茶树的干像瓜芦，叶子像栀子，花朵像野蔷薇，有清香，高一二尺。茶树都种于山野间，可是喜阴喜燥，怕阳光怕水，倘不施粪肥，味儿更香，绿茶色淡而香清，红茶色香味都很浓郁，而味带涩性。绿茶有明前、雨前之分，是照着采茶的时期而定名的，采于清明节以前的叫作明前，采于谷雨节以前的叫作雨前，以雨前较为名贵。

　　吃茶有什么好处，谁也不能肯定。茶可以解渴，这是开宗明义第一章，有的人说它可以开胃润气，并且助消化，尤以红茶为有效。可是卫生家却并不赞同，以为茶有刺激神经的作用，不如喝白开水有润肠利便之效。但我们吃惯了茶的人，总觉得白开水淡而无味，还是要去吃茶，情愿让神经刺激一下了。

　　唐朝的诗人卢仝（tóng）和陆羽，可说是我国提倡吃茶的有名人物，昔人甚至尊之为"茶圣"。卢仝曾有一首长歌，谢人寄新茶，其下半首云："……柴门反关无俗客，纱帽笼头自煎吃，碧云引风吹不断，白花浮光凝碗面。一碗喉吻润；两碗破孤闷；三碗搜枯肠，唯有文字五千卷；四碗发轻汗，平生不平事，尽向毛孔散；五碗肌骨清；六碗通仙灵；七碗吃不得也，唯觉两腋习习清风生。"夸张吃茶的好处，写得十分有趣；因此"卢仝七碗"，也就成了后人传诵的佳话。陆羽字鸿渐，有文学，嗜茶成癖，著《茶经》三篇，原原本本地说出茶之源、之法、之具，真是一个吃茶的专家。宋朝的诗人如苏东坡、黄山谷、陆放翁等，也都是爱茶的，他们的诗集中有不少歌颂吃茶的作品。

制茶的方法，红绿茶略有不同，据说要制红茶时，可将采下的嫩叶，铺满在竹席上，放在阳光中曝晒，晒了一会，便搅拌一会，等到叶子晒得渐渐地萎缩时，就纳入布袋揉搓一下，再倒出来曝晒，将水分蒸散，再装在木箱里，一层层堆叠起来，重重压紧，用布来遮在上面，等到它变成了红褐色透出香气来时，再从箱里倒出来晒干，然后放在炉火上烘焙。经过了这几重手续，叶子已完全干燥，而红茶也就告成了。制绿茶时，那么先将采下的嫩叶放在蒸笼里蒸一下，或铁锅上炒一下，到它带了黏性而透出香气来时，就倒出来，铺散在竹席上，用扇子把它用力地扇，扇冷之后，立即上炉烘焙，一面烘，一面揉搓，叶子就逐渐干燥起来。最后再移到火力较弱的烘炉上，且烘且搓，直到完全干燥为止，于是绿茶也就告成了。

从前一般风雅之士，对于吃茶称为品茗，原来他们泡了茶，并不是一口一口地呷，而是像喝贵州茅台酒、山西汾酒一样，一点一滴地在嘴唇上"品"的。在抗日战争以前，我曾在上海被邀参加过一个品茗之会。主人是个品茗的专家，备有他特制的"水仙""野蔷薇"等茶叶，并且有黄山的云雾茶，所用的水，据说是无锡运来的惠泉水，盛在一个瓦铛里，用松毛、松果来生了火，缓缓地煎。他先用沸水将杯和壶泡了一下，然后在壶中满满地放了茶叶，据说就是"水仙"。瓦铛水沸之后，就斟在茶壶里，随即在六只小茶杯里各斟一些些①，如此轮流地斟了几遍，才斟满了一杯。于是品茗开始了，我照着主人的方式，啜一些在嘴唇上品，啧啧有声。客人们赞不绝口，都说"好香！好香！"

名家介绍

周瘦鹃（1894—1968），原名祖福，字国贤。中国作家。历任中华书局、《申报》《新闻报》编辑，为鸳鸯蝴蝶派代表作家。亦致力于园艺和盆景的研究。中华人民共和国成立后，曾任江苏省博物馆和苏州市博物馆名誉副馆长等职，并从事散文创作和盆景制作。著有《行云集》《花花草草》《花前琐记》《园艺杂谈》《盆栽趣味》等。

---

① 此处说法依照作者原文，现行规范说法为"一些"。

名家写作课

神秘老师　妙妙　奇奇

奇奇： 老师，前两天我给好朋友介绍我家乡的美食，他们听了之后都想知道那道美食是怎么制作出来的，但是我不知道该怎么写。

神秘老师： 我们前面讲了很多种描写美食的方法，却从未讲过从制作的角度来介绍美食。今天我们就通过周瘦鹃先生的《茶话》，来讲流程说明法。

妙妙： 流程说明法，听名字好像是讲解美食的制作流程的。

神秘老师： 没错。流程说明法是说明文中常用的技巧，不光是美食，介绍家具、玩具，甚至养殖花草和小动物，都可以用流程说明法。流程说明法，顾名思义是指通过介绍事物的制作和生产流程，来说明事物的特点。

奇奇： 老师，快给我们详细讲讲吧。

神秘老师： 《茶话》这篇文章较长，我节选了其中七个自然段。谁来讲讲每一自然段都写了什么？

第一自然段和第二自然段介绍茶的名字,第三自然段介绍茶的外形特点,第四自然段和第五自然段介绍吃茶有什么好处以及提倡吃茶的名人,第六自然段介绍炒制茶的过程,第七自然段是品茶的方法。

妙妙划分得完全正确。作者在介绍茶这种"食物"时,分成了五步来介绍。接下来我们逐步来看。

第一步,"早采者为茶,晚取者为茗,槚是苦茶",通过引用《尔雅》中的句子,作者介绍了茶的不同名称,让读者对茶有一个初步的认识。

第二步,也就是第三自然段,主要介绍茶树的形态、习性,以及茶的味道。"干像瓜芦,叶子像栀子,花朵像野蔷薇"是形态;"种于山野间,可是喜阴喜燥,怕阳光怕水"是习性;"绿茶色淡而香清,红茶色香味都很浓郁,而味带涩性"是味道。

第三步是第四自然段和第五自然段,第四自然段主要介绍了吃茶对身体的作用。第五自然段介绍了唐朝的诗人卢仝和陆羽等名人歌颂吃茶的诗文和故事。

第四步，也就是第六自然段，主要讲解了红茶和绿茶的炒制过程。红茶炒制分成五个步骤：晾晒、揉搓、再次晾晒、木箱压紧、晒干烘焙。而绿茶则不同，先蒸或者炒，然后用扇子扇冷，接着边烘焙边揉搓，最后在小火上烘焙揉搓。

第五步，也就是第七自然段，主要介绍了品茶的过程。作者以自己参加过的一次"品茗之会"为例：用瓦铛烧水，把茶叶放在茶壶里，"瓦铛水沸之后，就斟在茶壶里"。倒茶前，"用沸水将杯和壶泡了一下"，然后"在茶杯里斟一些些[1]"，倒掉之后再倒满水，几遍之后再倒满，最后"啜一些在嘴唇上品"。

作者描写制茶、品茶的过程好详细呀。

没错。你们看，作者通过五个步骤把关于茶的所有点都讲到了，读完之后，我们对茶更加了解了。而作者介绍的内容，正是茶叶这种"食物"的制作过程。这就是流程说明法。

---

[1] 此处说法依照作者原文，现行规范说法为"一些"。

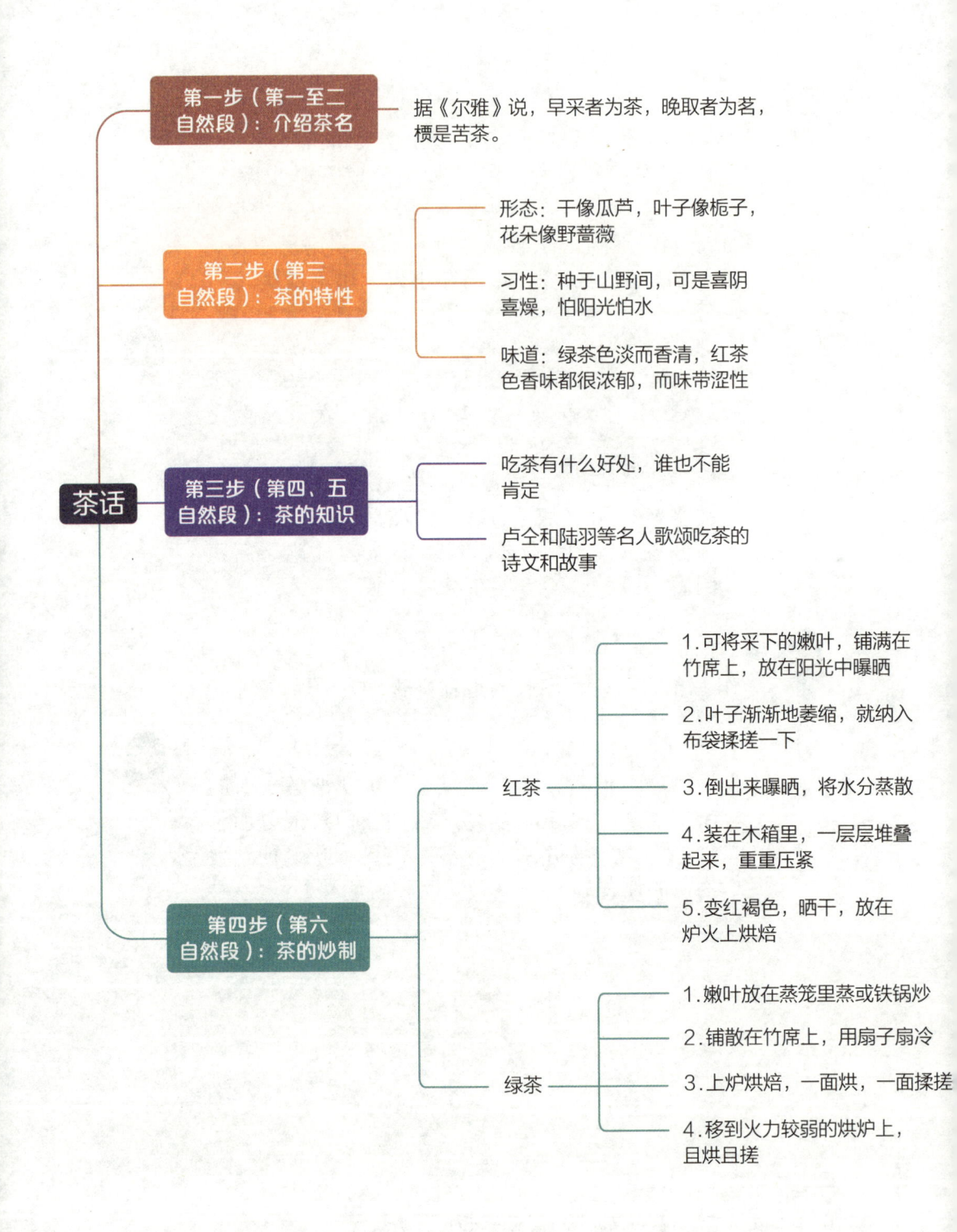

```
                                                                据《尔雅》说，早采者为茶，晚取者为茗，
            ┌── 第一步（第一至二自然段）：介绍茶名 ──  槚是苦荼。
            │
            │                                         形态：干像瓜芦，叶子像栀子，
            │                                         花朵像野蔷薇
            │
            ├── 第二步（第三自然段）：茶的特性 ────  习性：种于山野间，可是喜阴
            │                                         喜燥，怕阳光怕水
            │
            │                                         味道：绿茶色淡而香清，红茶
            │                                         色香味都很浓郁，而味带涩性
            │
茶话 ───────┤                                         吃茶有什么好处，谁也不能
            ├── 第三步（第四、五自然段）：茶的知识 ─┤ 肯定
            │                                         │
            │                                         └ 卢仝和陆羽等名人歌颂吃茶的
            │                                           诗文和故事
            │
            │                                                   1. 可将采下的嫩叶，铺满在
            │                                                      竹席上，放在阳光中曝晒
            │                                                   2. 叶子渐渐地萎缩，就纳入
            │                                                      布袋揉搓一下
            │                                          ┌ 红茶 ┤ 3. 倒出来曝晒，将水分蒸散
            │                                          │       4. 装在木箱里，一层层堆叠
            │                                          │          起来，重重压紧
            └── 第四步（第六自然段）：茶的炒制 ──────┤       5. 变红褐色，晒干，放在
                                                       │          炉火上烘焙
                                                       │
                                                       │       1. 嫩叶放在蒸笼里蒸或铁锅炒
                                                       │       2. 铺散在竹席上，用扇子扇冷
                                                       └ 绿茶 ┤ 3. 上炉烘焙，一面烘，一面揉搓
                                                               4. 移到火力较弱的烘炉上，
                                                                  且烘且搓
```

```
茶话 ── 第五步（第七自然段）：茶的品味
  ├─ 1. 惠泉水在瓦铛里，用松毛、松果来生了火煎
  ├─ 2. 用沸水将杯和壶泡一下
  ├─ 3. 瓦铛水沸之后，就斟在茶壶里
  ├─ 4. 在茶杯里斟一些些①，倒掉，再斟满
  └─ 5. 啜一些在嘴唇上品
```

---

① 此处说法依照作者原文，现行规范说法为"一些"。

写作加油站

一、思路点拨

奇奇

流程说明法看起来并不难，只要按照食物的制作流程，一步步描写出来就好啦。

神秘老师

奇奇，千万别想得太简单。很多食物的制作过程非常复杂，所以使用流程说明法，一定要选择好说明顺序和说明方法。这样，作文写起来才会层次分明。

妙妙

老师，在介绍食物的每一个制作步骤时，有什么要注意的吗？

神秘老师

就拿《茶话》来说，在介绍炒茶时，作者把整个过程分解成了若干步骤，每个步骤之间在逻辑上要有关联，下一步是上一步的承接，上一步是下一步的基础。

奇奇

这有点类似《贴秋膘》中的分级结构。

神秘老师

不完全一样。分级结构是一层包含一层，而流程说明法中的每一个步骤属于并列和承接的关系。所以在下笔前，一定要清楚食物的制作流程，这样写的时候才不会乱。

二、技法指导

神秘老师

使用流程说明法介绍美食前，使用表格法和流程图法，可以帮助我们梳理美食的制作流程。

奇奇

表格法难道是在作文里画表格吗？

神秘老师

不是在作文里画表格，而是写作文之前的准备工作。举例来说，请大家写一篇介绍豆腐制作过程的作文。做豆腐的过程非常烦琐，光靠脑子记很难记得住，还容易记错了。我们可以提前列表格，把做豆腐的过程记下来，这样写作文的时候就清楚多了。

妙妙

列表格真是个好方法呢，老师快给我们展示一下吧！

神秘老师

步骤	内容
1. 泡大豆	选用干净的大豆，用水清洗干净，泡发8小时以上。
2. 打豆浆	将泡发好的大豆倒入豆浆机中，加入适量清水，进行打浆。
3. 滤豆渣	把豆浆放进滤布中，滤除豆腐渣。
4. 煮豆浆	将滤好的豆浆倒入锅中高温煮沸。
5. 点豆腐	用适量的卤水和煮沸的豆浆搅拌均匀。
6. 凝豆腐	将点好的豆腐放进模具中压实，让豆腐凝固成块。
7. 切豆腐	将凝固好的豆腐切成块。

奇奇

哇，把制作流程弄成表格，果然清楚了很多。这样写起作文来，就不会漏掉关键信息了。

神秘老师

没错。此外，除了列表格，还可以用流程图的方式来梳理食物的制作过程。同样用做豆腐来举例子：

01 泡大豆

选用干净的大豆,用水清洗干净,泡发8小时以上。

02 打豆浆

将泡发好的大豆倒入豆浆机中,加入适量清水,进行打浆。

03 滤豆渣

把豆浆放进滤布中,滤除豆腐渣。

04 煮豆浆

将滤好的豆浆倒入锅中高温煮沸。

05 点豆腐

用适量的卤水和煮沸的豆浆搅拌均匀。

06 凝豆腐

将点好的豆腐放进模具中压实,让豆腐凝固成块。

07 切豆腐

将凝固好的豆腐切成块。

妙妙

流程图似乎比表格更清晰！

神秘老师

总之，无论用哪种方法，大家都要记住，在使用流程说明法介绍食物的制作之前，要用表格或者流程图的方式，把制作过程记录下来。

写作练笔

同学们，通过今天的学习，你学会流程说明法了吗？快拿起笔试一试吧！

1. 你的长辈会做什么美食呢？
2. 选一道你的长辈最擅长做的菜，询问长辈这道菜的制作步骤，试着用流程说明法写一写吧！

老师/家长点评

吃莲花的

▲ 老 舍

今年我种了两盆白莲。盆是由北平搜寻来的，里外包着绿苔，至少有五六十岁。泥是由黄河拉来的。水用趵突泉的。只是藕差点事，吃剩下来的菜藕。好盆好泥好水敢情有妙用，菜藕也不好意思了，长吧，开花吧，不然太对不起人！居然，拔了梗，放了叶，而且开了花。一盆里七八朵，白的！只有两朵，瓣尖上有点红，我细细地用檀香粉给涂了涂，于是全白。作诗吧，除了作诗还有什么办法？专说"亭亭玉立"这四个字就被我用了七十五次，请想我作了多少首诗吧！

这且不提。好几天了，天天门口卖菜的带着白莲。最初，我心里很难过。好好的莲花和茄子冬瓜放在一块，真！继而一想，若有所悟。啊，济南名士多，不能自己"种"莲，还不"买"些用古瓶清水养起来，放在书斋？是的，一定是这样。

这且不提。友人约游大明湖，"去买点莲花来！"他说。"何必去买，我的两盆还不可观？"我有点不痛快，心里说："我自种的难道比不上湖里的？真！"况且，天这么热，游湖更受罪，不如在家里，煮点毛豆角，喝点莲花白，作两首诗，以自种白莲为题，岂不雅妙？友人看着那两盆花，点了点头。我心里不用提多么痛快了；友人也很雅哟！除了作新诗向来不肯用这"哟"，可是此刻非用不可了！我忙着吩咐家中煮毛豆角，看看能买到鲜核桃不。然后到书房去找我的诗稿。友人静立花前，欣赏着哟！

这且不提。及至我从书房回来一看，盆中的花全在友人手里握着呢，只剩下两朵快要开败的还在原地未动。我似乎忽然中了暑，天旋地转，说不出话。友人可是很高兴。他说："这几朵也对付了，不必到湖中买去了。其实门口卖菜的也有，不过没有湖上的新鲜便宜。你这些不很嫩了，还能对付。"他一边说着，一边奔了厨房。"老田，"他叫着我的总管事兼厨子，"把这用好香油炸炸。外边的老瓣不要，炸里边那嫩的。"老田是我由北平请来的，和我一样不懂济南的典故，他以为香油炸莲瓣是什么偏方呢。"这治什么病，烫伤？"他问。友人笑了。"治烫伤？吃！美极了！没看见菜桃子上一把儿一把儿的卖吗？"

这且不提。还提什么呢，诗稿全烧了，所以不能附录在这里。

名家 介绍

老舍（1899—1966），原名舒庆春，字舍予。中国作家。1950年创作话剧《龙须沟》，获北京市人民政府授予"人民艺术家"称号。主要作品还有小说《猫城记》《离婚》《牛天赐传》《四世同堂》《正红旗下》等，剧本《方珍珠》《春华秋实》《女店员》等。

名家写作课

神秘老师　妙妙　奇奇

老师，昨天我写了一篇关于我们小区旁边公园的作文，妈妈看了之后说我写得太平，读完之后没有情感波动，不能引起别人的兴趣，这该怎么办呀？

文章没有波动有很多原因。对于写景状物的文章来说，想要为文章增加"波澜"，我教大家一种简单的办法——情绪反差法。

情绪反差？怎么理解呢？

情绪反差的意思是在行文过程中，故意在文中制造情绪变化，并且要让这种变化产生对比和颠覆的效果。举个简单的例子，文章开头写一个人非常开心，在文章结尾时这个人开始大哭，这就是情绪反差。情绪反差可以让文章情节跌宕起伏。今天我们就通过老舍先生的《吃莲花的》这篇文章来学习一下。

这篇文章主要分成四个段落，写的是作者种了一盆莲花，本来想请朋友赏花写诗，结果却被朋友摘下来做菜了。

奇奇的总结中已经出现"反差"的端倪了。接下来我们逐段来看看每一段都分别写了什么事，表达了作者什么样的情感。

第一自然段是作者种莲花的过程，专门挑选了"北平的盆""黄河的泥"和"趵突泉的水"，体现了作者对种莲花这件事的喜爱和重视。莲花开出来之后，作者非常喜欢，用了七十多次"亭亭玉立"来形容莲花的美。

第二自然段写的是作者在门口发现有小商贩在卖莲花，还和茄子、冬瓜混在一起，这让作者非常难过。

第三自然段写的是作者的朋友想去大明湖看莲花，作者阻止他，带他去看自己种的莲花。这里表现了作者为自己的莲花骄傲，迫不及待想让别人欣赏的心情。

我来说第四自然段，这个自然段和第三自然段是连着的。作者本来以为朋友想要赏花，结果朋友却把花摘下来让厨子去做菜。这大大出乎了作者的意料，"天旋地转"，觉得朋友辜负了自己的苦心，玷污了莲花。

我懂了。一开始作者盛情邀请朋友赏花，内心高兴而且骄傲；结尾朋友却要吃莲花，作者又伤心又懊悔又无可奈何。前后情绪形成巨大反差。

没错，你们发现了吗？后三个自然段的开头有一句话"这且不提"重复了三次，这句话不仅让文章结构更清晰，而且把作者结尾的伤心和懊悔逐步加深，表达得既巧妙又自然。

通过"赏花反被吃"这件事的前后情绪变化，整篇文章充满了幽默又无奈的趣味感。

没错，这样整篇文章就不会"一马平川"了，而是在结尾产生了小波澜，让文章读起来风趣幽默。最后我们总结一下吧。

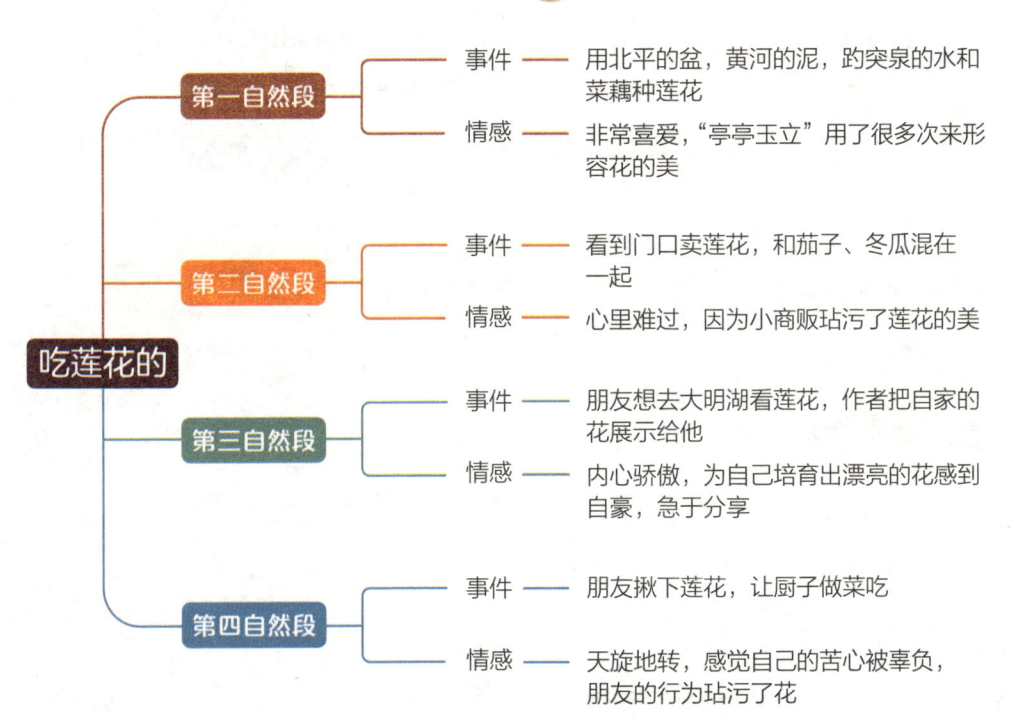

吃莲花的

第一自然段
- 事件 —— 用北平的盆，黄河的泥，趵突泉的水和菜藕种莲花
- 情感 —— 非常喜爱，"亭亭玉立"用了很多次来形容花的美

第二自然段
- 事件 —— 看到门口卖莲花，和茄子、冬瓜混在一起
- 情感 —— 心里难过，因为小商贩玷污了莲花的美

第三自然段
- 事件 —— 朋友想去大明湖看莲花，作者把自家的花展示给他
- 情感 —— 内心骄傲，为自己培育出漂亮的花感到自豪，急于分享

第四自然段
- 事件 —— 朋友揪下莲花，让厨子做菜吃
- 情感 —— 天旋地转，感觉自己的苦心被辜负，朋友的行为玷污了花

写作加油站

一、思路点拨

神秘老师

同学们在自己的作文中,使用情绪反差法制造文章的波澜时,要注意一个问题:不能为了制造波澜而故意制造反差的情绪。

奇奇

这是什么意思呢?

神秘老师

情绪反差法应用的前提是要在文章情节合理,且自然发展的前提下去设置的。反差的点不能牵强附会,要确保描写符合人物的特点,情节和情绪的变化符合人物的逻辑。如果不分场合地过度使用,会削弱文字的表现力。

妙妙

老师能举个例子吗?

神秘老师

当然可以啦。我们还是以《吃莲花的》这篇文章为例。作者在文章末尾制造"情绪反差",并不是突然展示出来的,而是在文章前面做了铺垫。

奇奇

我找到了,是第二自然段,作者在门口看到有人卖莲花。

神秘老师

没错,为什么要写这个呢?一方面表现作者对莲花的喜欢,看到有人把莲花和茄子、冬瓜放一起,心里很难过。另一方面,是为后文作铺垫。为了让后文的"情绪反差"表达得恰到好处,作者在第二自然段并没有揭露真相,还故意提到,小商贩卖莲花白是为了让"济南名士"买去装饰书房。这实际上是给读者制造的"障眼法"。

妙妙

我看到这里的时候,真的相信了作者的话。

神秘老师

这就是作者的目的。当你看到朋友想看莲花的时候,你才会相信他作为"济南名士",一定也会好好赏花。这时,作者再把朋友的目的写出来——摘了花做菜,才会形成强烈的对比,引起作者巨大的情绪变化。

奇奇

这篇文章的构思真是巧妙。这么说,我们使用情绪反差前,一定要多作铺垫。

神秘老师

总之就是要让读者"出乎意料",这样才能形成情绪反差的同时又有幽默感。

二、技法指导

妙妙

老师,用情绪反差法写作文的时候,具体有什么技巧吗?

神秘老师

我们已经知道,情绪反差法是在作文情节中设置情绪变化来增强作文的张力,制造反差的效果。想要用好情绪反差法,可以从三个层面入手:

1. 故事人物的情绪反差。
2. 故事情节的情绪反差。
3. 故事主题的情绪反差。

奇奇

《吃莲花的》这篇文章里,作者的情绪变化就属于"人物的情绪反差"这一类吧。

神秘老师

奇奇说对啦。文章中，作者作为故事中的人物，情绪由种莲花的兴奋，到看到卖莲花的难过，再到向别人介绍自己的莲花的骄傲，最后看到朋友要吃莲花的"天旋地转"，一系列情绪变化都是人物的情绪变化。

妙妙

那情节的情绪怎么理解呢？

神秘老师

第二种方法主要通过情节的变化来体现。举个例子，比如我们要描写校园里的一棵小树苗，可以通过描写小树苗在阳光下茁壮成长，来表现我们对小树苗的关心和爱护。后来突然来了一场大雨，小树苗在狂风中左摇右摆，我们也为小树苗捏了一把汗。

你们看由"阳光下成长"，到"大雨中挣扎"，情节发生了巨大变化。这样营造的情节就会由舒缓变成紧张，这个过程中，读者的情绪就有了起伏。

奇奇

最后一种是主题的情绪反差，让我联想到了之前学过的叶圣陶先生的《藕与莼菜》。前面描写藕和莼菜，让人沉浸在品尝美食的欣喜情绪里。结尾的时候，作者抒发思乡之情，又有了淡淡哀伤。

神秘老师

奇奇的这个例子很恰当。文章主题由吃转化为思乡，主题的变化，不仅引发了情感波动，而且是思想的升华。

写作练笔

同学们，今天的文章就学到这里啦，你掌握情绪反差法了吗？快拿起笔试一试吧！

1. 中国的饮食文化博大精深，你喜欢哪种美食？这种美食有什么特点，能引发你怎样的情感呢？
2. 试着用情绪反差法把这种美食介绍给朋友们吧！

老师/家长点评

名篇欣赏

北京的春节（节选）

▲老 舍

按照北京的老规矩，过农历的新年（春节），差不多在腊月的初旬就开头了。"腊七腊八，冻死寒鸦"，这是一年里最冷的时候。可是，到了严冬，不久便是春天，所以人们并不因为寒冷而减少过年与迎春的热情。在腊八那天，人家里，寺观里，都熬腊八粥。这种特制的粥是祭祖祭神的，可是细一想，它倒是农业社会的一种自傲的表现——这种粥是用所有的各种的米，各种的豆，与各种的干果（杏仁、核桃仁、瓜子、荔枝肉、莲子、花生米、葡萄干、菱角米……）熬成的。这不是粥，而是小型的农业展览会。

腊八这天还要泡腊八蒜。把蒜瓣在这天放到高醋里，封起来，为过年吃饺子用的。到年底，蒜泡得色如翡翠，而醋也有了些辣味，色味双美，使人要多吃几个饺子。在北京，过年时，家家吃饺子。

从腊八起，铺户中就加紧地上年货，街上加多了货摊子——卖春联的、卖年画的、卖蜜供的、卖水仙花的等等都是只在这一季节才会出现的。这些赶年的摊子都让儿童们的心跳得特别快一些。在胡同里，吆喝的声音也比平时更多更复杂起来，其中也有仅在腊月才出现的，像卖宪书的、松枝的、薏仁米的、年糕的等等。

在有皇帝的时候，学童们到腊月十九就不上学了，放年假一月。儿童们准备过年，差不多第一件事是买杂拌儿。这是用各种干果（花生、胶枣、榛子、栗子等）与蜜饯掺和成的，普通的带皮，高级的没有皮——例如：普通的用带皮的榛子，高级的用榛瓤（ráng）儿。儿童们喜吃这些零七八碎儿，即使没有饺子吃，也必须买杂拌儿。

二十三日过小年，差不多就是过新年的"彩排"。在前几天，街上就有好多卖麦芽糖与江米糖的，糖形或为长方块或为大小瓜形。按旧日的说法：用糖粘住灶王的嘴，他到了天上就不会向玉皇报告家庭中的坏事了。现在，还有卖糖的，但是只由大家享用，并不再粘灶王的嘴了。

除夕真热闹。家家赶做年菜，到处是酒肉的香味。老少男女都穿起新衣，门外贴好红红的对联，屋里贴好各色的年画，哪一家都灯火通宵，不许间断，炮声日夜不绝。在外边做事的人，除非万不得已，必定赶回家来，吃团圆饭，祭祖。这一夜，除了很小的孩子，没有什么人睡觉，而都要守岁。

元宵（汤圆）上市，新年的高潮到了——元宵节（从正月十三到十七）。除夕是热闹的，可是没有月光；元宵节呢，恰好是明月当空。元旦是体面的，家家门前贴着鲜红的春联，人们穿着新衣裳，可是它还不够美。元宵节，处处悬灯结彩，整条的大街像是办喜事，火炽而美丽。有名的老铺都要挂出几百盏灯来，有的一律是玻璃的，有的清一色是牛角的，有的都是纱灯；有的各形各色，有的通通彩绘《红楼梦》或《水浒传》故事。这在当年，也就是一种广告；灯一悬起，任何人都可以进到铺中参观；晚间灯中都点上烛，观者就更多。这广告可不庸俗。干果店在灯节还要做一批杂拌儿生意，所以每每独出心裁的，制成各样的冰灯，或用麦苗做成一两条碧绿的长龙，把顾客招来。

除了悬灯，广场上还放花合。在城隍庙里并且燃起火判，火舌由判官的泥像的口、耳、鼻、眼中伸吐出来。公园里放起天灯，像巨星似的飞到天空。

男男女女都出来踏月、看灯、看焰火；街上的人拥挤不动。在旧社会里，女人们轻易不出门，她们可以在灯节里得到些自由。小孩子们买各种花炮燃放，即使不跑到街上去淘气，在家中照样能有声有光地玩耍。家中也有灯：走马灯——原始的电影——宫灯、各形各色的纸灯，还有纱灯，里面有小铃，到时候就叮叮地响。大家还必须吃汤圆呀。这的确是美好快乐的日子。

在旧社会里，腊八粥，关东糖，除夕的饺子，都须先去供佛，而后人们再享用。除夕要接神；大年初二要祭财神，吃元宝汤（馄饨），而且有的人要到财神庙去借纸元宝，抢烧头股香。正月初八要给老人们顺星、祈寿。因此那时候最大的一笔浪费是买香蜡纸马的钱。现在，大家都不迷信了，也就省下这笔开销，用到有用的地方去。特别值得提到的是现在的儿童只快活地过年，而不受那迷信的熏染，他们只有快乐，而没有恐惧——怕神怕鬼。也许，现在过年没有以前那么热闹了，可是多么清醒健康呢。以前，人们过年是托神鬼的庇佑,现在是大家劳动终岁,大家也应当快乐地过年。

名家写作课

神秘老师　　妙妙　　奇奇

> 同学们,你们喜欢过年吗?

> 喜欢,过年可以逛庙会,还有很多好吃的,最重要的是放假了。

> 我最喜欢的是收压岁钱,这样我可以买一些玩具!

> 每个人对于春节的认识都是不同的,老舍先生写过一篇名叫《北京的春节》的文章,就是描写北京过年的情景,这篇文章还被选入了语文教材,大家有印象吗?

> 我记得,通过这篇课文,我们学习了写作文时要详略得当,分清主次。该详细的就详写,该略写的就略写。

> 很好,妙妙记得很清楚呀!今天我们从另一个角度重新赏析一下这篇文章,老师要教给大家的是**场景法**。

场景法，是要描绘场景吗？

没错。以往我们学习的关于美食的文章，要么介绍制作步骤，要么介绍产地来历，都是从客观上介绍美食。但场景法不同，**场景法是通过营造某种场景和气氛，将美食的介绍融入场景中，增加代入感的同时，还能抒发情感。**

哇，那岂不是又好玩儿，又好吃吗？

是这个意思。我们回到文章中，去看看北京的春节吧！大家找一找，作者都描写了哪些关于美食的场景？

第一自然段写到了做腊八粥的场景。"在腊八那天，人家里，寺观里，都熬腊八粥"写的是家家户户熬粥的场景。紧接着，作者介绍了腊八粥的作用："粥是祭祖祭神的"；然后简单介绍了熬粥的过程，把这个场面类比成了展览会。

第二自然段描写的是吃饺子的场景。"在北京，过年时，家家吃饺子"，在这种场景下介绍了腊八蒜的制作——"把蒜瓣在这天放到高醋里"，以及腊八蒜的颜色、味道——"蒜泡得色如翡翠""色味双美"。

没错，第二自然段介绍的虽然是制作腊八蒜，但场景是吃饺子。第四自然段介绍的是孩子们买杂拌儿的场景。随后在这个场景里，介绍了杂拌儿是什么："用各种干果与蜜饯掺和成的"，以及带皮不带皮等各种讲究，通过一个小小的零食就把孩子们叽叽喳喳挑选自己喜欢的杂拌儿的氛围凸显出来，表现出了过年高兴的氛围。

第五自然段写的是小年糖瓜祭灶的场景。"街上就有好多卖麦芽糖与江米糖的"描写的是小年这天街上的情景，这些都是实写。后面又提到了关于用糖粘住灶王爷嘴的故事，是虚写。虚实结合，妙趣横生。

哇，光是读一读就感觉到了过年浓烈的氛围了！

这都是场景法的效果。大家设想一下，假如作者没有提到这四个场景，只是单纯介绍了腊八粥、腊八蒜、杂拌儿和糖这四种食物，你们会有什么感受？

我会感觉它们都是普通食物，没什么稀奇的。

没错，而把这些食物放在了过年这个场景里，瞬间食物就有了生命力，有了活力。这是场景赋予食物的动态属性。

还真是这样，如果没有了场景，这篇文章就会变得很没意思了。

最后我们总结一下本文的场景吧！

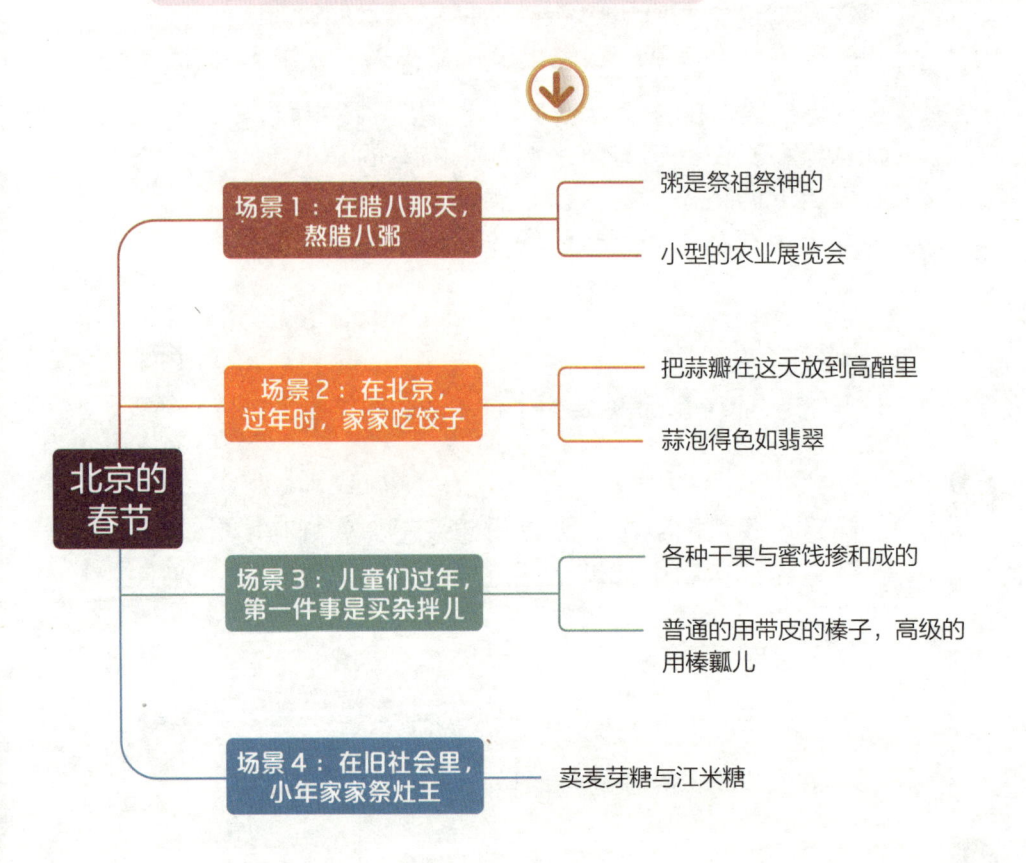

⬇

北京的春节

- **场景1：在腊八那天，熬腊八粥**
  - 粥是祭祖祭神的
  - 小型的农业展览会

- **场景2：在北京，过年时，家家吃饺子**
  - 把蒜瓣在这天放到高醋里
  - 蒜泡得色如翡翠

- **场景3：儿童们过年，第一件事是买杂拌儿**
  - 各种干果与蜜饯掺和成的
  - 普通的用带皮的榛子，高级的用榛瓤儿

- **场景4：在旧社会里，小年家家祭灶王**
  - 卖麦芽糖与江米糖

写作加油站

一、思路点拨

神秘老师

大家发现了吗？场景法非常适合描写节日、聚会、集市、庙会等活动中的美食。

妙妙

确实是这样。

神秘老师

从这几种活动中，我们可以提炼出几个重要的组成元素，分别是：

1. 人物。
2. 地点。
3. 美食。

只要满足这三种事物同时出现，就可以使用场景法。其中人物和地点组成了场景，而美食作为描写对象，还可以更换成其他的事物，比如小动物、植物、建筑等。

奇奇

原来场景法还可以描写这么多的事物呀！

神秘老师

在场景法里，人物和地点组成的场景，它的作用是提供一个"舞台"，营造欢乐喜庆的氛围。而主角依然是描写的对象。至于描写的对象是什么，根据自己的需求安排就好啦。如果作文要求写植物，那就换成植物，如果要求写动物，那就换成小动物。

妙妙

对呀，奇奇，因为无论是美食，还是动植物，都属于"物体"。场景不变，物体可以随便换。

二、技法指导

神秘老师

同学们在使用场景法描写某个事物的时候，有一点需要注意的是，场景是自带"情感"的，无论是描写食物、植物还是动物，或者是建筑物，都要注意场景的情感选择。

奇奇

场景自带情感？老师，这个怎么理解呢？

神秘老师

比如《北京的春节》里的四个场景，都是欢乐、祥和的，这里面蕴含的情感就是欢乐、幸福。

奇奇

哦，我懂了。像只有光秃秃的树、寒风四起的大街，这个情景一般就是悲伤的。

妙妙

而庙会、聚会等场景就是高兴的。

神秘老师

没错。也就是说，我们描写事物的时候，确定了中心思想和表达的情感之后，再选择你需要的场景。所以，场景法作文可以分成以下三步：

1. 确定描写的事物和中心思想。
2. 根据中心思想的情感类型，选择场景。
3. 建立场景，描写事物的特点。

奇奇

老师，假如我想写老家的煎饼，应该怎么写呢？

神秘老师

奇奇这个问题问得好,那我们就以煎饼为例,给大家展示一下场景法的思路吧!

第一步,确定描写事物和中心思想。描写事物就是老家的煎饼,中心思想是借助煎饼来表达对家乡的怀念。

第二步,根据中心思想的情感类型,选择场景。很明显,这篇文章要表达怀念,这是一种积极向上的情感。我们可以选取一些欢乐的、带有回忆性质的场景。比如小时候爷爷奶奶做煎饼,一家人围在饭桌前吃煎饼等温馨幸福的场景。

第三步,在爷爷奶奶做煎饼的场景中,介绍煎饼的原料和制作步骤;在一家人坐在饭桌前吃煎饼的场景中,介绍煎饼的吃法。

一篇用场景法介绍美食的散文就完成了,其中既有对美食的介绍说明,也有对家乡的怀念的情感。

妙妙

哇,这么一分析,我对场景法的理解更深了。而且我发现,场景法把描写类的作文和抒情类的作文完美融合起来了。

神秘老师

可以这么理解。但有一点需要注意。用场景法描写事物,重点还是在介绍事物上,场景要简单,不要长篇大论。

写作练笔

　　同学们，通过《北京的春节》的学习，你掌握场景法了吗？快拿起笔写一写吧！

　1.在众多的传统节日中，你喜欢哪个节日呢？

　2.这个节日里有哪些代表性美食呢？

　3.试着使用场景法来描写这几种美食吧！

老师/家长点评

名篇欣赏

落花生（节选）

▲老 舍

我是个谦卑的人。但是，口袋里装上四个铜板的落花生，一边走一边吃，我开始觉得比秦始皇还骄傲。假若有人问我："你要是作了皇上，你怎么享受呢？"简直不必思索，我就答得出："派四个大臣拿着两块钱的铜子，爱买多少花生吃就买多少！"

什么东西都有个幸与不幸。不知道为什么瓜子比花生的名气大。你说，凭良心说，瓜子有什么吃头？它夹你的舌头，塞你的牙，激起你的怒气——因为一咬就碎；就是幸而没碎，也不过是那么小小的一片，不解饿，没味道，劳民伤财。你看落花生：大大方方的，浅白麻子，细腰，曲线美。这还只是看外貌。弄开看：一胎儿两个或者三个粉红的胖小子。脱去粉红的衫儿，象牙色的豆瓣一对对的抱着。那个光滑，那个水灵，那个香喷喷的，碰到牙上那个干松酥软！

种类还多呢：大花生、小花生、大花生米、小花生米，糖饯的、炒的、煮的、炸的，各有各的风味，而都好吃。下雨阴天，煮上些小花生，放点盐；来四两玫瑰露；够作好几首诗的。

瓜子可给诗的灵感？冬夜，早早地躺在被窝里，看着《水浒》，枕旁放着些花生米；花生米的香味，在舌上，在鼻尖；被窝里的暖气，武松打虎……这便是天国！冬天在路上，刮着冷风，或下着雪，袋里有些花生使你心中有了主儿；掏出一个来，剥了，慌忙往口中送，闭着嘴嚼，风或雪立刻不那么厉害了。况且，一个二十岁以上的人肯神仙似的，无忧无虑的，随随便便的，在街上一边走一边吃花生，这个人将来要是作了宰相或度支部尚书，他是不会有官僚气与贪财的。

至于家中要是有小孩儿，花生简直比什么也重要。不但可以吃，而且能拿它们玩。夹在耳唇上当环子，几个小姑娘就能办很大的一回喜事。小男孩若找不着玻璃球儿，花生也可以当弹儿。玩法还多着呢。玩了之后，剥开再吃，也还不脏。两个大子儿的花生可以玩半天；给他们些瓜子试试。

　　论样子，论味道，栗子其实满①有势派儿。可是它没有落花生那点家常的"自己"劲儿。栗子跟人没有交情，仿佛是。核桃也不行，榛子就更显着疏远。落花生在哪里都有人缘，自天子以至庶人都跟它是朋友；这不容易。

---

① 此处说法依照作者原文，现行规范说法为"蛮"。

名家写作课

神秘老师 **妙妙** **奇奇**

神秘老师： 同学们，你们在写作文的时候，使用最多的是哪几种修辞手法呀？

妙妙： 我喜欢使用比喻和拟人，因为能让句子形象生动，读起来有文采。

奇奇： 我喜欢用拟人和排比，拟人让文章生动，而排比让文章读起来有气势。

神秘老师： 这么看来，大家都喜欢使用拟人呀！拟人作为一种常用的修辞手法，是把事物人格化，将本来不具备人动作和感情的事物变成和人一样具有动作和感情的样子。

妙妙： 拟人和拟物是完全相反的。

神秘老师： 没错，今天我们就通过老舍先生的《落花生》一起来学习一种使用拟人描写事物的方法。由于我们只看拟人的方法，因此我只节选了一部分。我们先找一找，作者使用拟人的方法，都写了哪几样食物。

主要写了瓜子、花生和栗子。

好,那我们先来看作者是如何写瓜子的。在第二自然段,瓜子有什么特点呢?"夹你的舌头""塞你的牙""激起你的怒气",你越想吃它,它就越不让你吃,专门和你作对,就像一个娇滴滴的大小姐似的。**作者通过"夹""塞""激"三个人性化的动词,把瓜子写出了大小姐的脾气,生动地表现出瓜子不亲民,不接地气。**

那么,作者描写的花生就很亲民,很接地气了。先描写了带壳的花生,身材"细腰,曲线美",性格"大大方方的"。

你发现了吗,作者把花生写得就像一个经常参加劳动的女孩,劳动造就了她健康的体魄和良好的状态。

确实很像。接着作者写到了花生米,这么看来,花生米就像个普通人家的娃娃,"粉红的胖小子"**用了比喻的修辞,把带皮的花生米比喻成穿红衣服的胖娃娃**,而褪了皮的花生米"皮肤"好像象牙色。然后用了一个排比的句式"那个光滑,那个水灵,那个香喷喷的"高度赞扬了花生。

在写栗子时,作者的评价是"势派儿",这是什么意思呢?

大概是由于栗子的采摘、剥皮、制作方法复杂，在作者的那个年代平时也不常吃到，就好像高高在上的大老爷一样。

所以显得栗子没人缘。而花生不一样，从普通百姓到皇帝天子都喜欢吃，人缘非常好。作者把花生当成一个活泼开朗的人来写，上到天子下到百姓，所有人都喜欢和这个人交朋友，通过拟人化的写法，把花生写得特别接地气。

奇奇分析得很好。另外，作者描写瓜子和栗子，甚至最后只提了几句的核桃和榛子，实际上都是反衬花生。作者把社会中不同身份的人的特点放在这些食物身上，然后把纯朴的百姓的特点放在花生身上，通过衬托，更加突出了花生这种食物的亲民和接地气。

而且通篇使用拟人的修辞，显得特别生动，充满了漫画般的诙谐意味。

说得对，这就是拟人法写事物的优势所在。最后我们总结一下吧。

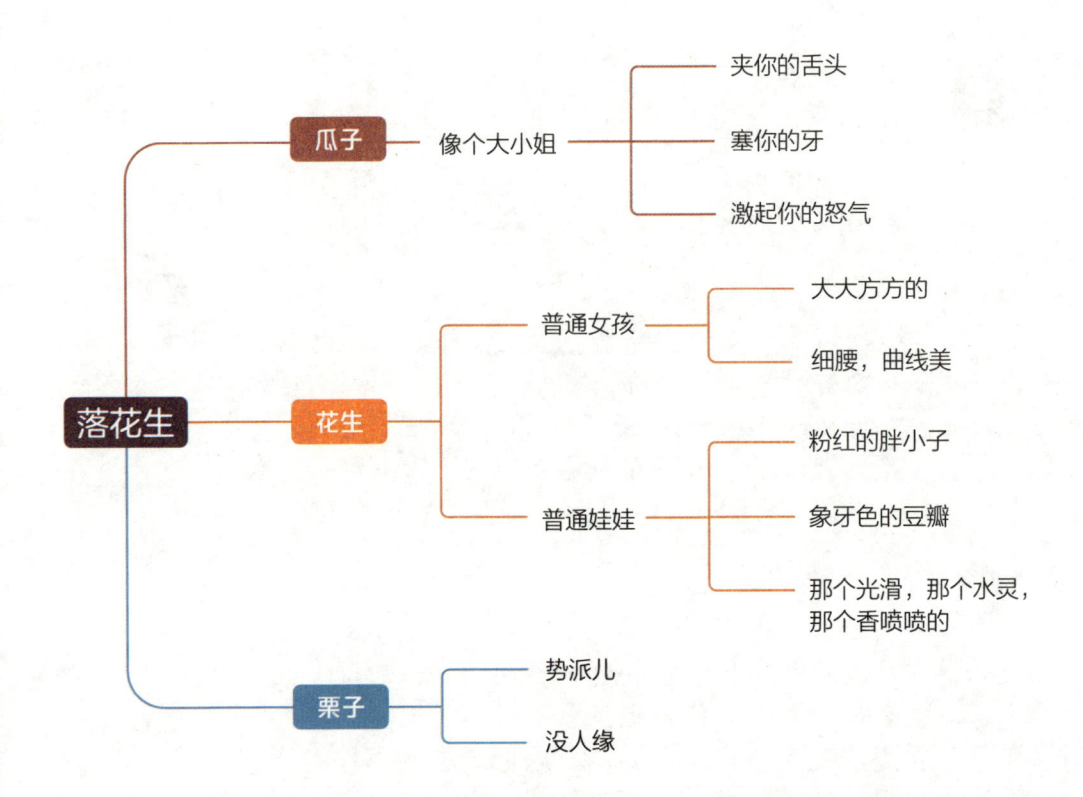

```
                                    ┌── 夹你的舌头
                  ┌── 瓜子 ── 像个大小姐 ──┼── 塞你的牙
                  │                  └── 激起你的怒气
                  │
                  │              ┌── 大大方方的
                  │     ┌── 普通女孩 ──┤
                  │     │         └── 细腰，曲线美
          落花生 ──┼── 花生 ──┤
                  │     │         ┌── 粉红的胖小子
                  │     └── 普通娃娃 ──┼── 象牙色的豆瓣
                  │                 └── 那个光滑，那个水灵，
                  │                    那个香喷喷的
                  │         ┌── 势派儿
                  └── 栗子 ──┤
                            └── 没人缘
```

写作加油站

一、思路点拨

奇奇

老师,我们在写小动物或者植物时,也会使用拟人的手法,为什么没有像今天这篇文章这样有意思呢?

神秘老师

其实原因很简单,这是因为平常我们写作文的时候,只是用拟人描绘了某个事物的某个特点。奇奇,你来说一句你写的拟人句。

奇奇

清风徐来,垂柳热情地向我们招手。

神秘老师

你虽然用了拟人的修辞手法,把垂柳的树枝摆动拟作人挥手,也很生动,但和老舍先生的《落花生》相比较,你只是把人"挥手"的动作赋予了垂柳,挥手谁都会,这没什么特别的。

妙妙

我明白了。老师的意思是，奇奇的这个句子里，把垂柳比作的那个人，没有自己的特点或者没有性格。

神秘老师

没错，是这样的。如果想让这句话变得有趣味，就要赋予垂柳某种人的特定性格，把它拟成一种性格鲜明的人，比如：

清风徐来，垂柳甩动轻盈的水袖，在水岸舞台上和着风吟唱清绝的念白。

奇奇

哇，老师太厉害了！水袖、念白，这是把垂柳随风飘摆，拟成了舞台上的京剧演员了呀！

妙妙

通过赋予垂柳京剧演员这种特定的比拟，垂柳的形象瞬间提升了，而且变得非常优美动人。

神秘老师

所以从这个例子可以看出，我们在使用拟人这种修辞来描写事物的时候，一定要赋予事物某种特定人物的性格、动作特点。

二、技法指导

奇奇

老师，拟人的修辞在什么场合可以使用呢？

神秘老师

拟人法在作文中不仅可以用来描写具体事物，还可以用来描写抽象事物。为了方便大家掌握拟人修辞的应用范围，我列举了三种情况：

1. 把非生物拟人化。
2. 把生物拟人化。
3. 把抽象概念拟人化。

妙妙

第一种，把非生物拟人化，非生物是指建筑吗？

神秘老师

非生物的范畴很广泛，除了建筑，还有山川河流，以及我们生活中除了动植物之外的所有物品，比如今天我们学习的花生、瓜子和栗子等，虽然花生本身是植物，但在文章中特指食物。

奇奇

第二种很好理解，我们在作文中常写到的生物是动物和植物。

神秘老师

没错。其实第二种是我们应用最广泛的,平时作文涉及动植物的题目非常多。大家还记得《荷塘月色》和《从百草园到三味书屋》吗?这两篇文章里有大量拟人的修辞手法,都可以参考学习。

妙妙

第三种情况我不太理解。把抽象概念拟人化是什么意思呢?

神秘老师

这种拟人往往用在杂文或者议论文中。不过,我们平常的话题作文也会遇到,比如"以'坚持'为话题写一篇作文",很多同学都会写到这样的句子:坚持能指引我们走向胜利。

"坚持"是一种精神,本来是抽象的东西,没有形象。但是这里却用了"指引"这个动词,很明显把它比拟成了指路人。这其实就是"把抽象概念拟人化"的例子。这种情况大家了解就好,前两种才是大家常用的。通过今天的学习,大家要记住使用拟人修辞……

奇奇

要赋予事物某种特定人物的性格、动作特点。老师,我们记住啦!

写作练笔

同学们，通过《落花生》的学习，你掌握拟人修辞了吗？快拿起笔写一写吧！

1. 你最喜欢的水果是什么？选择一种作为描写对象。
2. 想一想，生活中哪类人的特点，可以用在这种水果上。
3. 试着用拟人修辞，介绍一下这种水果。

老师/家长点评

名篇欣赏

故乡的野菜（节选）

▲周作人

我的故乡不止一个，凡我住过的地方都是故乡。故乡对于我并没有什么特别的情分，只因钓于斯游于斯的关系，朝夕会面，遂成相识，正如乡村里的邻舍一样，虽然不是亲属，别后有时也要想念到他。我在浙东住过十几年，南京东京都住过六年，这都是我的故乡；现在住在北京，于是北京就成了我的家乡了。

日前我的妻往西单市场买菜回来，说起有荠菜在那里卖着，我便想起浙东的事来。荠菜是浙东人春天常吃的野菜，乡间不必说，就是城里只要有后园的人家都可以随时采食，妇女小儿各拿一把剪刀一只"苗篮"，蹲在地上搜寻，是一种有趣味的游戏的工作。那时小孩们唱道："荠菜马兰头，姊姊嫁在后门头。"后来马兰头有乡人拿来进城售卖了，但荠菜还是一种野菜，须得自家去采。关于荠菜向来颇有风雅的传说，不过这似乎以吴地为主。《西湖游览志》云："三月三日男女皆戴荠菜花。谚云：三春戴荠花，桃李羞繁华。"顾禄的《清嘉录》上亦说："荠菜花俗呼野菜花，因谚有三月三蚂蚁上灶山之语，三日人家皆以野菜花置灶陉上，以厌虫蚁。清晨村童叫卖不绝。或妇女簪髻上以祈清目，俗号眼亮花。"但浙东人却不很理会这些事情，只是挑来做菜或炒年糕吃罢了。

黄花麦果通称鼠曲草，系菊科植物，叶小微圆互生，表面有白毛，花黄色，簇生梢头。春天采嫩叶，捣烂去汁，和粉作糕，称黄花麦果糕。小孩们有歌赞美之云：

黄花麦果韧结结，

关得大门自要吃，

半块拿弗出，一块自要吃。

扫墓时候所常吃的还有一种野菜，俗称草紫，通称紫云英。农人在收获后，播种田内，用作肥料，是一种很被贱视的植物，但采取嫩茎瀹（yuè，煮）食，味颇鲜美，似豌豆苗。花紫红色，数十亩接连不断，一片锦绣，如铺着华美的地毯，非常好看，而且花朵状若蝴蝶，又如鸡雏，尤为小孩所喜，间有白色的花，相传可以治痢。很是珍重，但不易得。

名家介绍

周作人（1885—1967），原名櫆寿，晚年改名遐寿。中国作家、翻译家。著有《自己的园地》《雨天的书》《谈龙集》《谈虎集》《瓜豆集》《中国新文学的源流》《鲁迅的故家》《鲁迅小说里的人物》《知堂回想录》等。译有《日本狂言选》《伊索寓言》《路吉阿诺斯对话集》等。

名家写作课

神秘老师 **妙妙** **奇奇**

神秘老师： 我发现很多同学在写作文的时候，总会自己编造一些事情，你们有没有这样的经历？

奇奇： 我写"一件小事"的时候，编过扶老奶奶过马路的故事。

神秘老师： 今天我们通过《故乡的野菜》这篇文章，给大家讲一种事例论证法，让大家学会如何使用真实的事例来支持自己所写的文章内容。

妙妙： 哇，太好啦。老师，什么是事例论证法呀？

神秘老师： 事例论证法，顾名思义就是通过举例子的方式，论证我们在作文里的描写、介绍和说明。让我们一起看看这篇文章吧。作者由荠菜想到自己的故乡之一浙东，随后展开联想，提到了哪几种野菜呢？

妙妙： 分别提到了荠菜、鼠曲草和紫云英。

我们着重看一下荠菜和鼠曲草，看看作者是怎么描写这两种植物的。

有点奇怪呀，作者写的荠菜，好像没有特别描写荠菜的形态、颜色和吃法，而是写了挖野菜的情景，以及一些民俗谚语，这是怎么回事呢？

分析段落要注意中心意思，第二自然段的中心是"荠菜是浙东人春天常吃的野菜"，作者是围绕这个中心来写的。首先写了浙东人挖野菜的经历，"妇女小儿各拿一把剪刀一只'苗篮'，蹲在地上搜寻，是一种有趣味的游戏的工作"，这句活灵活现地展现了挖野菜的欢乐氛围。不过这些也只是作者当时见到的情景，还不足以说明浙东人和荠菜的密切关系。为了进一步论证，作者用了其他两个事例，分别记录在《西湖游览志》和《清嘉录》中。**这两个古书中的案例，说明从古至今，荠菜都是浙东人生活中不可缺少的东西。**

原来引用的民俗谚语和古书的记录是这个目的呀！

没错，接下来我们看一下鼠曲草。

关于鼠曲草，作者进行了比较细致的描写，分别写到了鼠曲草的种属"系菊科植物"，叶片形态是"微圆互生，表面有白毛"，花朵是"黄色，簇生梢头"。接下来，写到了鼠曲草的作用，是为了制作黄花麦果糕。

为了证明这种糕点受欢迎的程度，作者特意举出了一首儿歌作为示例，直接并且生动地说明了黄花麦果糕在家乡人心目中的地位。

通过简单的分析不难发现，作者每写一件事，都要用旁证来论证，不仅丰富了文章的内容和材料，同样也加深了所写内容的可信度。这就是事例论证法。

原来是这样呀！

用事例论证的基础，就是所写内容要真实可信，不能胡编乱造。最后，我们一起整理本文的思路吧！

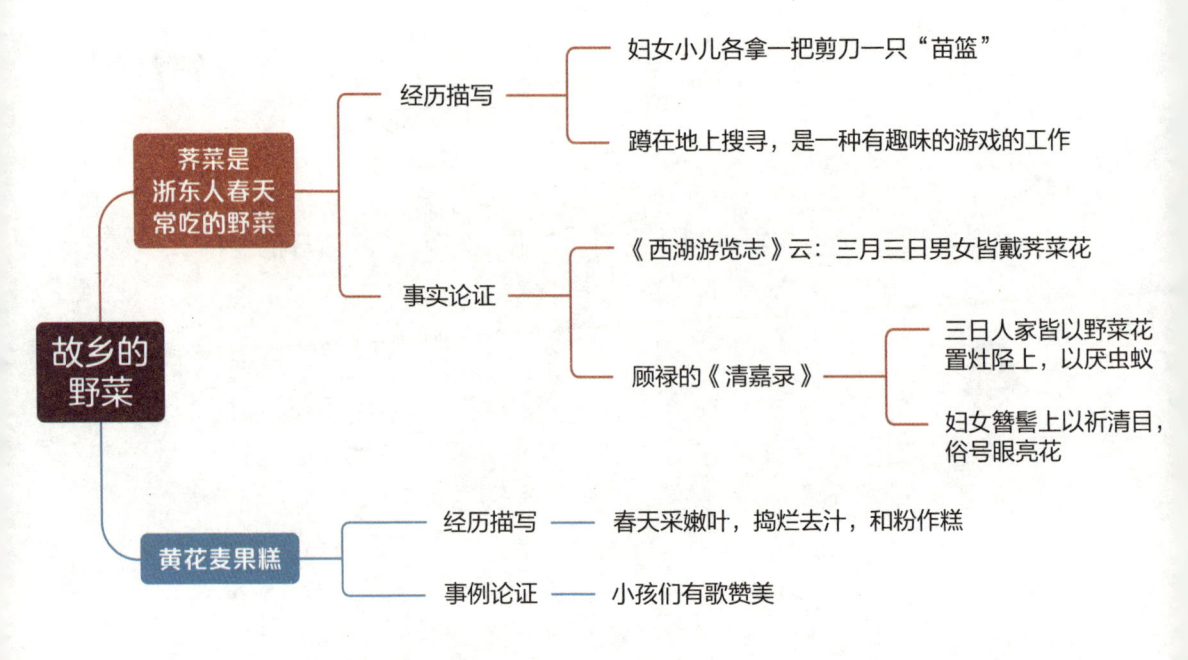

故乡的野菜

- **荠菜是浙东人春天常吃的野菜**
  - 经历描写
    - 妇女小儿各拿一把剪刀一只"苗篮"
    - 蹲在地上搜寻,是一种有趣味的游戏的工作
  - 事实论证
    - 《西湖游览志》云:三月三日男女皆戴荠菜花
    - 顾禄的《清嘉录》
      - 三日人家皆以野菜花置灶陉上,以厌虫蚁
      - 妇女簪髻上以祈清目,俗号眼亮花

- **黄花麦果糕**
  - 经历描写 —— 春天采嫩叶,捣烂去汁,和粉作糕
  - 事例论证 —— 小孩们有歌赞美

写作加油站

一、思路点拨

奇奇

老师，我发现今天讲的事例论证法，和说明文里的举例子有点类似。

神秘老师

那么你还记得举例子是什么意思吗？

奇奇

当然记得啦。举例子是通过列举有代表性的、恰当的事例来说明事物特征的说明方法，主要是为了说明事物的情况或事理。

神秘老师

没错。为了让大家理解什么是举例子，我们也来举一个例子吧！比如在朱泳燚的《看云识天气》里，有这么一句话：

云能预示天气。比如，在新疆地区，出现云就代表将要下雨。

"云能预示天气"这句理解起来比较难，为了让读者清楚明白，才举出了后面的例子。从这个简单的例子不难看出，举例子是为了进一步补充前面说明的事情，让说明的事情和道理更加通俗易懂、深入浅出。

奇奇

那么在《故乡的野菜》这篇文章里的事例论证的作用又是什么呢？

神秘老师

事例论证是为了让前边叙述的内容更加真实可信。比如作者说浙东人春天都去挖野菜。光这么说没有说服力，读者可能不会相信。于是作者举出了古书中描写的古代人"戴荠花"的事。

妙妙

哦，我懂了。说明文里的举例子是让难懂的概念好理解。而事例论证是为了增加内容的可信度。

神秘老师

没错，妙妙总结得很棒。

二、技法指导

神秘老师

事例论证法虽然看起来比较简单，但大家在使用的时候，也要注意一些问题，首先就是事例的选择。

奇奇

老师，选择亲身经历最合适吧？

妙妙

当然不是啦，谁知道你的亲身经历是真的还是编的呀！

神秘老师

是这样的，亲身经历有的时候不能作为示例来论证文章的内容。我们在选择事例的时候要遵从客观性。也就是选取的事例是大家公认的、都承认的内容。这部分内容包括：

1. 俗语谚语。
2. 风俗习惯。
3. 古书古籍。
4. 期刊论文。

奇奇

看来我的素材档案库又要增加一项了！

神秘老师

使用事例论证法，其次要注意的问题是：选取的事例要和中心思想贴合。

妙妙

这个我理解。刚才在《故乡的野菜》中老师提到了。比如作者想说明春天浙东人都挖野菜这个中心,所以从古书中找到了"戴荠花""厌虫蚁"两个案例。

神秘老师

说得很对。这一点与举例子的说明方法是相似的。事例论证本来就是为了证明前边内容的可信度的,假如选取不相干的,完全就失去作用了。最后,事例论证还有一种特殊情况——反面论证。

奇奇

反面论证,是不是故意说反话?

神秘老师

回答正确。事例法中,反面论证的情况不多见,通常用在说明文和说理文中。大家只要记住前两个要点就好了,希望大家以后再写作文的时候,不要乱编案例,要写真实的经历,用事例来论证。

写作练笔

同学们，通过今天的学习，你掌握事例论证法了吗？快拿起笔动手写一写吧！

1. 你的家乡有哪些传统美食，选一种你最喜欢的。
2. 查找资料，使用谚语、古籍等内容，证明传统美食的悠久。

老师/家长点评

名篇欣赏

喝 茶

▲鲁 迅

某公司又在廉价了,去买了二两好茶叶,每两洋二角。开首泡了一壶,怕它冷得快,用棉袄包起来,却不料郑重其事地来喝的时候,味道竟和我一向喝着的粗茶差不多,颜色也很重浊。

我知道这是自己错误了,喝好茶,是要用盖碗的,于是用盖碗。果然,泡了之后,色清而味甘,微香而小苦,确是好茶叶。但这是须在静坐无为的时候的,当我正写着《吃教》的中途,拉来一喝,那好味道竟又不知不觉地滑过去,像喝着粗茶一样了。

有好茶喝,会喝好茶,是一种"清福"。不过要享这"清福",首先就须有工夫,其次是练习出来的特别的感觉。由这一极琐屑的经验,我想,假使是一个使用筋力的工人,在喉干欲裂的时候,那么,即使给他龙井芽茶,珠兰窨(xūn,同"熏")片,恐怕他喝起来也未必觉得和热水有什么大区别罢。所谓"秋思",其实也是这样的,骚人墨客,会觉得什么"悲哉秋之为气也",风雨阴晴,都给他一种刺戟,一方面也就是一种"清福",但在老农,却只知道每年的此际,就要割稻而已。

于是有人以为这种细腻锐敏的感觉,当然不属于粗人,这是上等人的牌号。然而我恐怕也正是这牌号就要倒闭的先声。我们有痛觉,一方面是使我们受苦的,而一方面也使我们能够自卫。假如没有,则即使背上被人刺了一尖刀,也将茫无知觉,直到血尽倒地,自己还不明白为什么倒地。但这痛觉如果细腻锐敏起来呢,则不但衣服上有一根小刺就觉得,连衣服上的接缝,线结,布毛都要觉得,倘不穿"无缝天衣",他便要终日如芒刺在身,活不下去了。但假装锐敏的,自然不在此例。

感觉的细腻和锐敏,较之麻木,那当然算是进步的,然而以有助于生命的进化为限。如果不相干,甚而至于有碍，那就是进化中的病态，不久就要收梢。我们试将享清福，抱秋心的雅人，和破衣粗食的粗人一比较，就明白究竟是谁活得下去。喝过茶，望着秋天，我于是想：不识好茶，没有秋思，倒也罢了。

名家介绍

鲁迅（1881—1936），原名周樟寿，字豫才，后改名周树人。中国文学家、思想家和革命家。1918年5月，首次用笔名"鲁迅"发表中国现代文学史上第一篇白话小说《狂人日记》，奠定了新文学运动的基石。20世纪20年代陆续出版了《呐喊》《坟》《热风》《彷徨》《野草》《朝花夕拾》等作品集，表现出彻底革命民主主义的思想特色。其中，中篇小说《阿Q正传》是中国现代文学史上的杰作。

名家写作课

神秘老师 **妙妙** **奇奇**

同学们，我们平常使用的作文总共有三大类型，你们知道是什么吗？

当然知道啦，分别是记叙文、议论文和说明文。记叙文是写人、写事和写景状物的；说明文是介绍说明的；议论文是发表议论和见解的。

老师，我们前面学习了记叙文和说明文，什么时候讲议论文呀？

议论文比较复杂，我们一直没有学习。今天我们就通过鲁迅的《喝茶》来简单了解一下议论文。议论文有着标准的结构和格式，我们后面细讲。《喝茶》这篇文章，我们主要看一下作者是如何论证自己观点的，这也是议论文的核心。

鲁迅先生的文章读起来都很难懂。

没关系，只要抓住作者的核心思想，就很容易理解了。先来说一下《喝茶》这篇文章的写作背景。当时社会上很多人在报纸上发表一些迎秋、悲秋、哀秋和责秋的文章，也就是"秋思"的文章，受到上流社会的大肆吹捧。然而那些文章对于社会发展没有任何作用，而且严重影响了文艺的进步，于是鲁迅先生就写了这篇文章来批判他们。

鲁迅先生真不愧是战士呀！

我们看第三自然段，"所谓'秋思'，其实也是这样的"，这是前半部分的论点："文人的秋思"也像喝茶一样，都是一种闲工夫的"清福"，和普通战斗者、劳动者毫不相干。

前三个自然段都是在论证这个观点。作者没有直接去批判，而是从日常的喝茶谈起，首先使用对比的方式谈到了两种喝茶的心境。大家找一找。

第一自然段就提到了，作者买了比较贵的打折茶叶，用茶壶泡了发现"味道竟和我一向喝着的粗茶差不多"。而紧接着作者又换了盖碗，结果"色清而味甘，微香而小苦，确是好茶叶"。

非常好。**作者通过两种不同的泡茶方式和心境进行对比论证，证明了一个观点"有好茶喝，会喝好茶，是一种'清福'"**。后面，由这个论点，作者又提出新的观点"不过要享这'清福'，首先就须有工夫"。

作者举了一个渴极的工人喝龙井芽茶的例子，通过这种假设的方式，来证明只有闲工夫的人，才会去品尝茶的味道。

没错。**通过这两个论点的论证，作者最终得出所谓"秋思"只是有闲情逸致的"骚人墨客"享的"清福"，和劳苦大众毫不相干。同时，这一部分的论证也是后面内容的铺垫。** 接下来，我们看第四、五自然段。作者主要反驳了"细腻锐敏的感觉，当然不属于粗人，这是上等人的牌号"的言论。大家找一找这部分的结论。

结论在最后一自然段，"感觉的细腻和锐敏，较之麻木，那当然算是进步的，然而以有助于生命的进化为限。如果不相干，甚而至于有碍，那就是进化中的病态，不久就要收梢"，意思就是那些人提倡的感觉的细腻和敏锐，如果对社会和生命的进化没有帮助，就是一种病态的进化。

完全正确。作者在论证的过程中，**提出了"痛觉"与"细腻锐敏的感觉"的根本区别**，给出了痛觉的两种好处，"使我们受苦""使我们能够自卫"，如果没有痛觉，哪怕被人刺一刀也没感觉，这才叫麻木不仁。随后又指出，如果这种让人清醒的"痛觉"细腻锐敏起来，就会有坏处，穿衣服也不能容忍有小刺，最终"如芒刺在身，活不下去了"，甚至只能穿没有缝隙的衣服。论证严密，指出了"感觉细腻和锐敏"的坏处。不仅充满讽刺，而且幽默风趣。

> 这么一分析我就能看明白了。

当然，**作者也充满了辩证思维**，最后一自然段说"以有助于生命的进化为限"，意思是感觉敏锐没问题，前提是对生命和社会的进化有帮助。如果没帮助，那就是"进化中的病态"。到这里，作者的论证结束了。那么看来，那些"享清福，抱秋心"的雅人标榜的细腻锐敏的感觉，就是一种有碍于"生命的进化"的病态了。最后，作者说"喝过茶，望着秋天，我于是想：不识好茶，没有秋思，倒也罢了"，**既扣了题目，呼应了开篇，又满含着对"享清福，抱秋心"的"雅人"们的讥讽**。

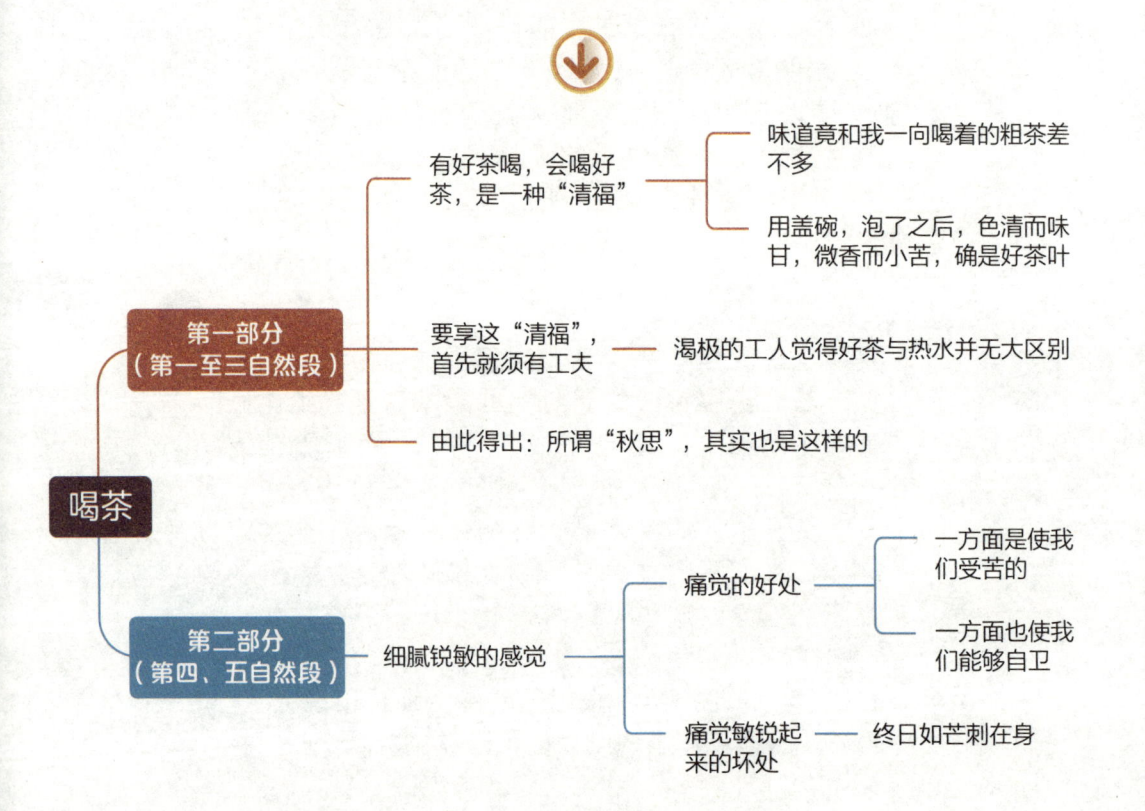

喝茶
- 第一部分（第一至三自然段）
  - 有好茶喝，会喝好茶，是一种"清福"
    - 味道竟和我一向喝着的粗茶差不多
    - 用盖碗，泡了之后，色清而味甘，微香而小苦，确是好茶叶
  - 要享这"清福"，首先就须有工夫 —— 渴极的工人觉得好茶与热水并无大区别
  - 由此得出：所谓"秋思"，其实也是这样的
- 第二部分（第四、五自然段）
  - 细腻锐敏的感觉
    - 痛觉的好处
      - 一方面是使我们受苦的
      - 一方面也使我们能够自卫
    - 痛觉敏锐起来的坏处 —— 终日如芒刺在身

写作加油站

一、思路点拨

神秘老师

鲁迅先生的杂文被比喻成"匕首",不仅是在当时的社会,如今读起来,也很有教育意义和借鉴意义。文章对大家来说稍微有点难,不过没关系,大家通过《喝茶》这篇文章了解论证过程就可以了。

妙妙

老师,我感受到了。作者从喝茶谈起,通过举例子和假设的方式,给出了几个事例,然后从这些事例中总结出了论点。

神秘老师

没错,正是由于作者善于写这类文章,所以从平常小事写起。但我们如果写议论文,为了结构和文本的清晰,要先给出论点,再用事例来论证。接下来,我给大家介绍一下议论文的三要素:

1. 论点。
2. 论据。
3. 论证。

奇奇

我知道论点，就是对某件事、某种社会现象提出的见解。

神秘老师

没错，那论据呢？

妙妙

论据是支撑论点的事实依据，主要包括历史故事、名人警句，此外还包括一些数字、图表等。

神秘老师

论证是很多同学容易和论据混淆的一步。论据是事实依据，是例子；而论证是使用论据证明论点的过程，揭示的是论点和论据之间的逻辑关系。明白了这三要素的含义和关系，才能写好一篇议论文。

二、技法指导

神秘老师

动笔写议论文之前，先要做好两件准备工作：

1. 确定中心论点。
2. 找好事实依据。

准备工作做好了，就可以开始动笔写了。简单的议论文，也可以分成三个主要组成部分：

1. 开头：提出论点。
2. 中间：论证论点。
3. 结尾：总结全文。

奇奇

这么一看，议论文也没有想象中那么难。

神秘老师

我们再来讲解一下议论文的三个部分。无论任何文章，开头都必须要精彩，议论文也是如此。

议论文的开头肩负着提出论点和吸引读者兴趣两个作用。所以开头多用比喻、类比、排比等修辞引出论点，还可以用引述名言、讲述寓言故事等方式。总之，就是要用简短的语言，快速提出论点，切忌长篇大论。

妙妙

老师，中间用论据论证论点的时候，准备多少个论据呢？

神秘老师

一般情况下，准备三个论据就可以了。我们通常使用的论据都是历史典故或者名人故事。一般三个论据里面，前两个是正面论据，第三个是反面论据。选择论据时，要保证案例的典型性和普遍性，最好不要选择大多数人都不知道的故事。

奇奇

最后总结全文我知道，所有文章都要这么做。

神秘老师

不过议论文的结尾有些特殊性，结尾的时候不仅要重申论点，最好也要用简短的名言或者警句、谚语等归纳总结。最后，老师把议论文的文章结构总结出来，希望对大家有帮助。

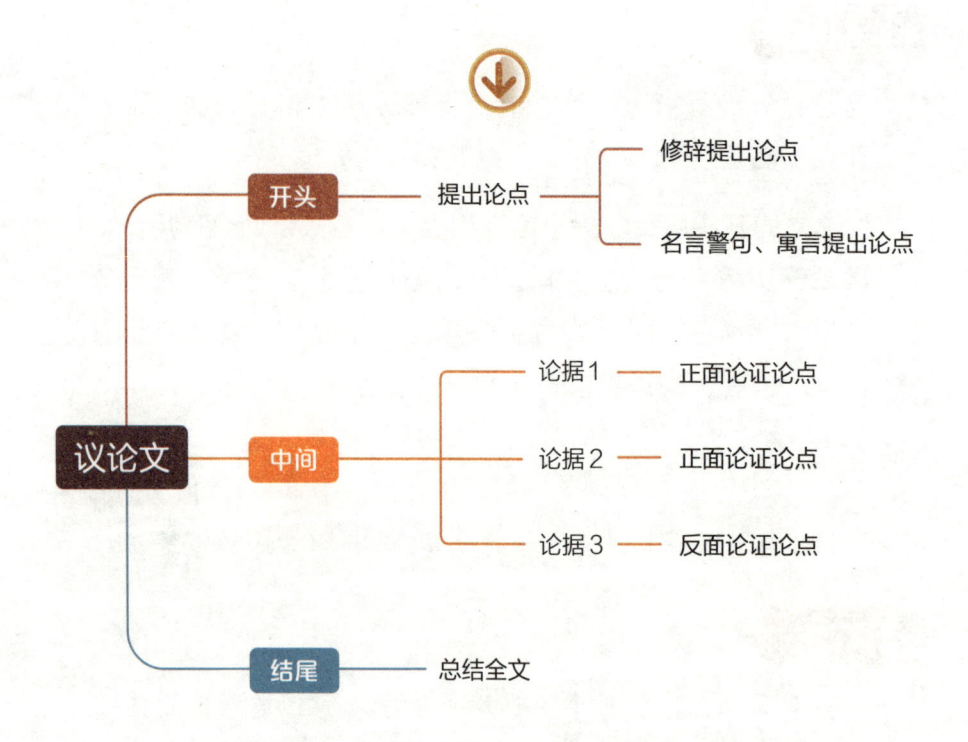

```
                                    ┌── 修辞提出论点
                     开头 ── 提出论点 ┤
                                    └── 名言警句、寓言提出论点

                              ┌── 论据1 ── 正面论证论点
议论文 ── 中间 ────────────────┼── 论据2 ── 正面论证论点
                              └── 论据3 ── 反面论证论点

                     结尾 ── 总结全文
```

写作练笔

同学们,通过《喝茶》的学习,你了解议论文的三要素和结构了吗?快拿起笔写一写吧。

1. 红豆是一种坚硬的豆子,很难煮熟,很有"骨气"。
2. 试着寻找历史故事中体现"骨气"的案例,写一篇关于骨气的文章。

老师/家长点评

名篇欣赏

炒栗子（节选）

▲周作人

说到炒栗，自然第一联想到的是放翁的笔记，但是我又记起清朝还有些人说过，便就近先从赵云松的《陔馀丛考》查起，在卷三十三里找到《京师炒栗》一条，其文云：

"今京师炒栗最佳，四方皆不能及。按宋人小说，汴京李和炒栗名闻四方，绍兴中陈长卿及钱恺使金，至燕山，忽有人持炒栗十枚来献，自白曰，汴京李和儿也，挥涕而去。盖金破汴后流转于燕，仍以炒栗世其业耳，然则今京师炒栗是其遗法耶。"

这里所说似乎有点不大可靠，如炒栗十枚便太少，不像是实有的事。其次在郝兰皋的《晒书堂笔录》卷四有《炒栗》一则云：

"栗生啖之益人，而新者微觉寡味，干取食之则味佳矣，苏子由服栗法亦是取其极干者耳。然市肆皆传炒栗法。余幼时自塾晚归，闻街头唤炒栗声，舌本流津，买之盈袖，恣意咀嚼，其栗殊小而壳薄，中实充满，炒用糖膏则壳极柔脆，手微剥之，壳肉易离而皮膜不黏，意甚快也。及来京师，见市肆门外置柴锅，一人向火，一人坐高凳子上，操长柄铁勺频搅之令匀遍。其栗稍大，而炒制之法，和以濡糖，藉以粗沙亦如余幼时所见，而甜美过之，都市炫鬻，相染成风，盘饤间称佳味矣。偶读《老学庵笔记》二，言故都李和炒栗名闻四方，他人百计效之，终不可及。绍兴中陈福公及钱上阁出使虏庭，至燕山忽有两人持炒栗各十裹来献，三节人亦人得一裹，自赞曰李和儿也，挥涕而去。惜其法竟不传，放翁虽著记而不能究言其详也。"

所谓宋人小说，盖即是《老学庵笔记》，十枚亦可知是十裹之误。郝君的是有情趣的人，学者而兼有诗人的意味，故所记特别有意思，如写炒栗之特色，炒时的情状，均简明可喜，《晒书堂集》中可取处甚多，此其一例耳。糖炒栗子法在中国殆已普遍，李和家想必特别佳妙，赵君以为京师市肆传其遗法，恐未必然。绍兴亦有此种炒栗，平常系水果店兼营，与北京之多由干果铺制售者不同。案孟元老著《东京梦华录》卷八，《立秋》项下说及李和云：

"鸡头上市，则梁门里李和家最盛。士庶买之，一裹十文，用小新荷叶包，糁以麝香，红小索儿系之。卖者虽多，不及李和一色拣银皮子嫩者货之。"

李李村著《汴宋竹枝词》百首，曾咏其事云：

"明珠的的价难酬，昨夜南风黄嘴浮。似向胸前解罗被，碧荷叶裹嫩鸡头。"

这样看来，那么李和家原来岂不也就是一爿（pán，量词，一爿指一家）鲜果铺么？放翁的笔记原文已见前引《晒书堂笔录》中，兹不再抄。三年前的冬天偶食炒栗，记起放翁来，陆续写二绝句，致其怀念，时已近岁除矣，其词云：

燕山柳色太凄迷，话到家园一泪垂。

长向行人供炒栗，伤心最是李和儿。

家祭年年总是虚，乃翁心愿竟何如。

故园未毁不归去，怕出偏门过鲁墟。

先祖母孙太君家在偏门外，与快阁比邻，蒋太君家鲁墟，即放翁诗所云"轻帆过鲁墟"者是也。案，《嘉泰会稽志》卷十七草部，荷下有云：

出偏门至三山多白莲，出三江门至梅山多红莲。夏夜香风率一二十里不绝，非尘境也，而游者多以昼，故不尽知。

出偏门至三山，不佞儿时往鲁墟去，正是走这条道，但未曾见过莲花，盖田中只是稻，水中亦唯有大菱茭白，即鸡头子也少有人种植。近来更有二十年以上不曾看见，不知是什么形状矣。

名家写作课

神秘老师　妙妙　奇奇

同学们，前面我们通过《喝茶》了解了议论文的简单知识，今天我们进一步学习一种论证方法——对比论证。**对比论证，是把两种相反的事物加以对照比较后，推导出差异点，进而得出正确结论的方法。**

对比论证好像是对比的延伸。

可以这么理解。《炒栗子》是周作人先生写的一篇散文，主要论述了关于栗子的一些故事。

哇，这篇文章好多文言文呀！

看到文言文别害怕，其实一点也不难，我们主要看前五自然段就好了。

第一自然段作者由炒栗子这种食物联想到了陆游写的一篇文章，但又想起清朝的文章，于是先查阅了清朝的《陔馀丛考》这本书，从里面的一篇《京师炒栗》摘录了一则故事，也就是第二自然段的内容。

134

第二自然段是文言文，我来解释一下。"汴京李和炒栗名闻四方"的意思是开封城的李和炒栗子是最出名的，当时北宋和金国打仗，皇帝、大臣从开封跑到了杭州，开封被抛弃了。南宋陈长卿及钱恺从杭州出使金国求和，路过开封，李和就拿着炒栗子来给他们吃。后来开封被金朝占领，李和流落到燕，也就是北京附近，仍然以炒栗子为生。于是这本书的作者认为北京的炒栗子就是李和从绍兴带来的。

也就是说，这一自然段的记录说明北京炒栗子来源于绍兴。

不过周作人先生不这么认为，他觉得"似乎有点不大可靠"，理由是文中提到的"忽有人持炒栗十枚来献"，十枚似乎太少了。这是第三自然段作者经过思考得出的结论。

所以作者又查找了另外一本书《晒书堂笔录》里的《炒栗》这篇故事，老师这个故事讲了什么呀？

实际上讲的还是刚才的故事，只不过细节不一样了。大家注意两个故事的对比。"至燕山忽有两人持炒栗各十裹来献"，这句话的意思是李和送给陈长卿和钱恺各十裹炒栗子。

《晒书堂笔录》写的是十裹,而《陔馀丛考》里写的是十枚,果然一对比就发现漏洞了!

是的,作者通过这两本书的同一个故事的对比,认为十枚可能是一个错误,而且《陔馀丛考》中所写的"今京师炒栗是其遗法耶"也不完全正确。**无论是看书还是写文章找资料,尤其是写说明文的时候,对比论证是很重要的一种方法,不仅能判断材料的准确性,而且还能从中得出不一样的结论。**

原来对比论证还能用在说明文中呀,看来这种方法确实很重要。

无论哪种作文类型,只要涉及引用资料、判断正确性的都可以用。最后,我们总结一下文中的思路吧。

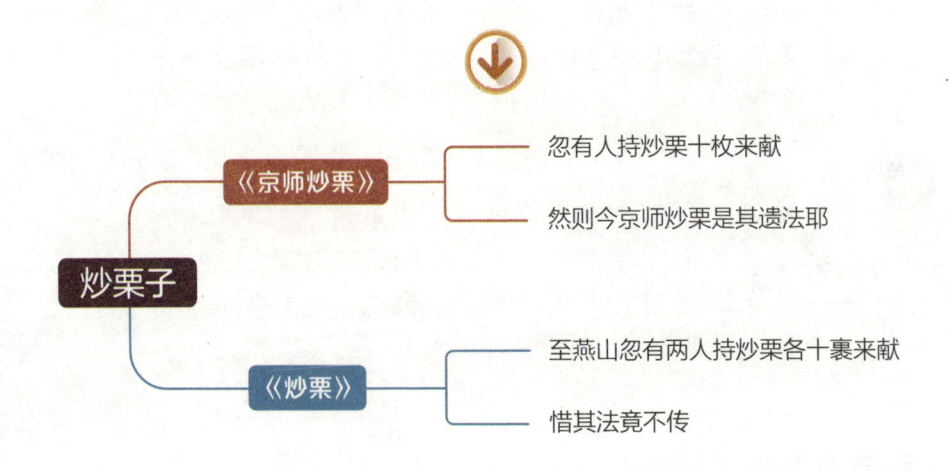

炒栗子
- 《京师炒栗》
  - 忽有人持炒栗十枚来献
  - 然则今京师炒栗是其遗法耶
- 《炒栗》
  - 至燕山忽有两人持炒栗各十裹来献
  - 惜其法竟不传

写作加油站

一、思路点拨

神秘老师

我们在使用对比论证的时候，注意有两种情况，一种是横向对比，一种是纵向对比。

奇奇

这两种对比是什么意思，有什么区别吗？

神秘老师

当然有啦，横向对比是同一种类不同个体之间的对比。比如同样是食物，栗子和核桃哪一种更有营养？栗子和核桃都是坚果类的食物，它们属于同一类的不同个体。这种对比就是横向对比。

妙妙

也就是说，同类之间的对比，能够论证它们之间的差异，让读者更全面地了解。

神秘老师

横向对比论证在鉴定材料的正确性的时候，相当于集体一起纠错。而纵向对比论证是同一个事物，在不同时间或者阶段的对比，属于自我纠错。

奇奇

那今天学习的《炒栗子》，同一篇材料在两个不同的人的书里，它们之间的对比就应该是纵向对比了吧！

神秘老师

没错。不过无论是哪种对比论证，最终都要得出结论。这是和对比不同的一点。因为对比论证的目的不是对比，而是论证，既然是论证就要有结论。

二、技法指导

妙妙

那么，我们在作文里使用对比论证的时候，需要注意什么呢？

神秘老师

就像我们写作文一样，写之前要有明确的中心思想，然后围绕中心思想写。使用对比论证的时候，同样如此。

第一需要注意的是对比论证要有明确的目的。根据作文的需求，确定想要用对比论证证明什么观点，或者阐述什么道理，这个在论证前就要想清楚。

奇奇

这一点很好理解，只有确定了目的，才能有目标地分析材料嘛！

神秘老师

奇奇说得对。第二需要注意的是对比论证的时候，要选择合适的材料。判断材料是否合适，有三个标准：首先要典型，其次要有出处，最后要普遍。

妙妙

要有出处的意思是选取的材料要能说出材料的来源。普遍性是指材料必须是大家熟悉的。但典型怎么理解呢？

神秘老师

对比论证材料的典型性，指的是选取的对比的材料，必须包含相同的对比点，也就是可比性。如果没有可比性，没有对比的点，那就说明材料选择失败。

举例来说，我们想要论证土豆是什么时间传到我国的，这时候应该怎么选择材料呢？

奇奇

我会去查找历史典籍，寻找关于土豆食用的记录，选出最早的进行对比。

妙妙

我同意奇奇的思路。

神秘老师

很好,奇奇的思路中,是对比各个实际记录的时间早晚,瞧,这就是对比点。但假如我找了一篇记录土豆食用时间的材料,又找了一篇种植土豆地点的材料,这两个材料之间一个是时间,一个是地点,没有对比点,就属于非典型的材料。

奇奇

我懂了。

神秘老师

以上说的都是对比的"质"。
第三需要注意的是对比量的统一。

妙妙

也就是说,对比论证的正反两个方面,列举的材料数量要相等。正面论述了几个材料,反面也要论述相同数量的材料。

> **神秘老师**
>
> 完全正确。最后一点需要注意的是，对比论证之后要进行分析，得出结论。对比论证的目的是通过对比，把材料中的事理揭示出来，对比是手段，论证是方法，得出结论并升华才是文章的最终目的。

写作练笔

同学们，通过今天《炒栗子》的学习，你掌握对比论证的方法了吗？快拿起笔试一试吧！

1. 你知道土豆是什么时候传入我国的吗？
2. 试着查找资料，利用对比论证的方式考证一下。
3. 把考证的结果写下来吧。

老师/家长点评

臭豆腐

▲周作人

近日百物昂贵,手捏三四百元出门,买不到什么小菜。四百元只够买一块酱豆腐,而豆腐一块也要百元以上,加上盐和香油生吃,既不经吃也不便宜,这时候只有买臭豆腐最是上算了。这只要百元一块,味道颇好,可以杀饭,却又不能多吃,大概半块便可下一顿饭,这不是很经济的么。

这一类的食品在我们的乡下出产很多,豆腐做的是霉豆腐,分红霉豆腐、臭霉豆腐两种,有霉千张,霉苋菜梗,霉菜头,这些乃是家里自制的。外边改称酱豆腐、臭豆腐,这也没有什么关系,但本地别有一种臭豆腐，用油炸了吃的，所以在乡下人看来，这名称是有点缠夹的了。更有意思的是，乡下所制干菜，有白菜干、油菜干、倒督菜之分，外边则统称之为霉干菜，干菜本不霉而称之曰霉，豆腐事实上是霉过的而不称为霉，在乡下人听了是很有点儿别扭的。

豆腐据说是淮南遗制，历史甚长，够得上说是中国文明的特产，现代科学盛称大豆的营养价值，所以这是名实相符的国粹。他的制品又是种类很多，豆腐，油豆腐，豆腐干，豆腐皮，千张，豆腐渣，此外还有豆腐浆和豆面包，做起菜来各具风味，并不单调，如用豆腐店的出品做成十碗菜，一定是比砂锅居的全猪席要好得多的。中国人民所吃的小菜，一半是白菜萝卜，一半是豆腐制品，淮南的流泽实是孔长了。

还有一件事想起来也很好玩的，便是西洋人永不会得吃豆腐，我们想象用了豆腐干油豆腐去做大菜，能够做出什么东西来，巴黎的豆腐公司之失败，也就是一个证明了。

名家写作课

神秘老师　妙妙　奇奇

神秘老师： 同学们，你们吃过臭豆腐吗？

妙妙： 我吃过酱豆腐，臭豆腐太臭啦！

奇奇： 臭豆腐闻起来臭，吃起来香啊！尤其是油炸臭豆腐，简直人间美味呀！

神秘老师： 臭豆腐，有人喜欢，有人不喜欢，周作人先生曾经写过一篇名为《臭豆腐》的文章，里面涉及一种很有意思的文章结构。

妙妙： 老师，是什么文章结构呀？

神秘老师： 我先卖个关子，让我们捏着鼻子去学习一下吧！先看第一自然段。

奇奇： 第一自然段作者写了生活中的一件事，出门买小菜的时候，由于物价涨了，货比三家之后发现买臭豆腐比较经济实惠。

接下来的内容就是作者由臭豆腐展开联想，想到的一些关于豆腐制品的介绍。

没错，第二自然段主要写的是霉豆腐。作者由臭豆腐联想到了红霉豆腐和霉干菜。在作者看来，这都是霉制品。接着仔细分析了霉豆腐和霉干菜的区别，"干菜本不霉而称之曰霉，豆腐事实上是霉过的而不称为霉"，通过这种闲来无事的随意分析，我们可以了解作者的风趣和幽默了。

第三自然段写的就不是臭豆腐了，而是由大豆写到了豆腐的其他制品。通过举例子的方式证明豆腐可以做成很多美味佳肴。最后，作者说"中国人民所吃的小菜，一半是白菜萝卜，一半是豆腐制品"，以此来证明豆制品在中国的食谱中的重要性。

最后一自然段，作者小小地"调皮"了一下，用巴黎豆腐公司的失败来反衬中国豆腐制品的博大精深。综观全文，作者分别写到了霉豆腐、霉干菜、臭豆腐、豆腐各种制品以及大豆。你们发现了什么特殊结构吗？

我发现作者在描写这些东西的时候，好像用了分总的关系。是这样吗？

妙妙说得很接近了。我们可以把这种思路称为"收束结构"。这种介绍思路和我们之前学的分级结构正好是相反的。还记得分级结构吗？

我记得，我们是在学习《贴秋膘》的时候学到的。描写和介绍的时候，从大类往细类逐一介绍。

没错，**而收束结构是从细类向大类收束**。你们看，作者由购买臭豆腐激发灵感，先讲了红霉豆腐和臭豆腐，也就是霉豆腐。中间穿插了霉干菜，暂且把它们都归为霉制品。接着，由霉豆腐联想到了其他豆腐制品，比如豆腐干、豆腐皮等，这些又都属于豆腐制品。而豆腐是由大豆制作来的。

臭豆腐和红霉豆腐→霉豆腐→豆腐→大豆，这个顺序就是由小类到大类的收束过程。

通过收束结构，我们就能知道作者介绍的东西属于哪一类，而且特别清晰。

没错，这就是收束结构的优势。最后我们用思维导图展示一下作者描写的东西的关系吧！

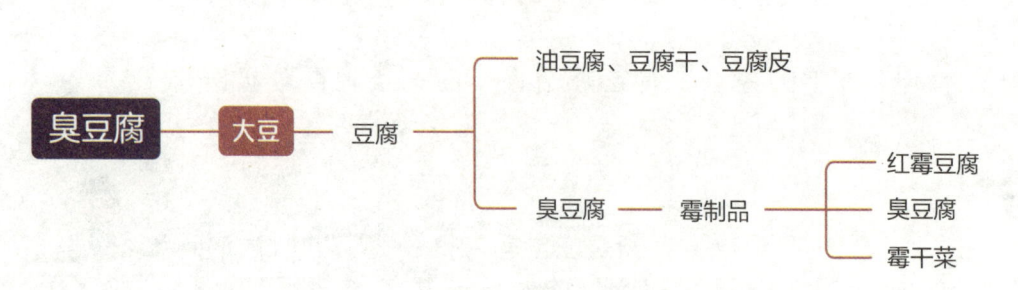

```
臭豆腐 ── 大豆 ── 豆腐 ┬── 油豆腐、豆腐干、豆腐皮
                      │
                      └── 臭豆腐 ── 霉制品 ┬── 红霉豆腐
                                          ├── 臭豆腐
                                          └── 霉干菜
```

写作加油站

一、思路点拨

奇奇

老师，收束结构可以用在什么地方呢？

神秘老师

收束结构在说明文中使用得比较多，因为它特殊的层级结构，由小层级到大层级，这种关系最适合介绍有着清晰的类别和类属的事物。

妙妙

老师，能举一些例子吗？

神秘老师

当然可以，生活中有明确类别关系的事物有很多。之前我们介绍过科普说明文，比如使用科普说明文介绍某种动物、某种植物，都可以用收束结构。

举例来说，假如让大家写一篇关于老虎及猫科动物的文章，就可以这么写：

1. 先介绍老虎的特征。比如花纹、吼声、生活习性等。
2. 介绍和老虎有类似特征的动物，比如狮子和猫，它们的爪子都能伸缩。
3. 由共性特征引出猫科动物，进而总结所有猫科动物的特征。

这样就能完成一篇关于猫科动物的科普说明文啦。

奇奇

这么一看确实非常清晰，不仅能了解动物们的特征，还可以知道它们的类别。

神秘老师

除了动植物，像食物、药品，甚至建筑物都可以用这种收束结构来介绍。

妙妙

建筑物怎么介绍呢？

神秘老师

大家都知道赵州桥吧，它属于石拱桥。桥分成很多类，比如从结构上分，有斜拉桥、悬索桥、刚构桥等。从材料上分，有木桥、石桥、砖桥、钢筋混凝土桥、钢架桥等。只要明确某种桥的分类，由小类往大类收束就可以啦。

二、技法指导

神秘老师

从刚才的思路介绍中，大家有没有发现收束结构的特点呢？

妙妙

我发现如果在说明文里使用收束结构，必须知道描写对象的分类。

神秘老师

很好，妙妙发现了收束结构的关键点。没错，毕竟收束结构就是为了清晰展示描写对象分类细则的方法，所以我们在说明文里使用的时候，遵循的第一步就是明确描写对象的分类细则。

奇奇

明确了分类，接下来该怎么做呢？

神秘老师

可以参考之前学习的分级结构，第二步列出详细的分类线。分类线和分级结构完全相反，要按照从小到大的顺序来写，这样才是收束。

注意，收束的时候一定要在每一个分级的末尾进行总结。

妙妙

总结是为了什么呢？有什么好处呢？

神秘老师

总结是为了提炼共同点，从而更好地收束和引出下一个大类。我们以刚才提到的桥来举例子：

赵州桥→石拱桥→石桥→桥。

按照这样的顺序介绍桥，就是从小类往大类介绍。具体可以这样来写：

1. 介绍<u>赵州桥</u>的历史和特点。
2. 简单列举其他类似的桥，从这些桥上<u>总结</u>出共性特点。
3. 由以上桥的共性特点<u>引出石拱桥</u>，并详细介绍石拱桥的历史和特点。
4. 再介绍其他和石拱桥有相同材质的桥，<u>总结</u>出共性特点。
5. 由以上桥的共性特点<u>引出石桥</u>，并介绍石桥的历史和特点。
6. 最后从石桥写到<u>所有的桥</u>，介绍桥的起源、应用和发展。

瞧，按照这样的顺序，一篇关于桥的科普说明文就写出来了。

奇奇

哇，果然是清晰明了呢！

神秘老师

以后同学们在写科普类的说明文时，也可以用收束结构来写啦！

写作练笔

同学们，今天的学习结束啦，你掌握收束结构了吗？快拿起笔写一写吧！

1. 你喜欢喝白米粥吗？
2. 你知道白米粥、东北大米、稻米这三者之间的分级关系吗？
3. 查一查资料，试着用收束结构写一篇关于粥的文章吧。

老师/家长点评

名篇欣赏

胡桃云片（节选）

▲丰子恺

云片糕，这个名词高雅得很。"云片"二字是糕的色彩形状的印象的描写。其白如云，其薄如片，名之曰云片，真是高雅而又适当。假如有一片糕向空中不翼而飞，我们大可用古人"白云一片去悠悠"之句来题赞这景象。但我还以为这名词过于象征了些。因为糕的厚薄固然宜于称片，但就糕的轮廓的形状上看，对于上面的"云"字似觉不切。这糕的四边是直线，四根直线围成一个长方形。用直线围成的长方形来比拟天际缭绕不定的云，似乎过于象征而有些牵强了。若把"云片"二字专用于胡桃云片上，那么我就另有一种更有趣味的看法。

胡桃云片，本是加有胡桃的云片糕的意思。想象它的制法，大约是把一块一块的胡桃肉装入米粉里，做成一段长方柱形，然后用刀切成薄薄的片。这样一来，每一片糕上都有胡桃肉的各种各样的切断面的形状。胡桃肉的形体本是非常复杂，现在装入糕中而切成片子，就因了它的位置、方向及各部形体的不同，而在糕片上显出变化多样的形象来。试切下几片来，不要立刻塞进口里，先来当作小小的画片观赏一下。有许多极自然的曲线，描出变化多样的形象，疏疏密密地排列在这些小小的画片上。倘就各个形象看：有的像果物，有的像人形，有的像鸟兽。就全体看：有时像蠹（dù）鱼钻过的古书，有时像别的世界的地图，有时像古代的象形文字，然而大都疏密无定，颇像现在窗外的散布着秋云的天空。古人诗云："人似秋云散处多。"秋天的云，大都是一朵一朵地分散而疏密无定的。这颇像胡桃云片上的模样。故我每吃胡桃云片便想起秋天，每逢秋天便想吃胡桃云片。根据我这看法而称这种糕曰"胡桃云片"，岂不更为雅致适切、更有趣味吗？

松江人似乎曾在胡桃云片上发现了这种画意。他们所制的糕，不像别处的产物似的仅在云片中嵌入胡桃肉，他们在糕的四周用红色的线条作一黄金律的缘，而把胡桃的断面装点在这缘线内。这宛如在一幅中国画上加了装裱，或是在一幅西洋画上加了镜框，画的意趣更加焕发了。这些胡桃肉受了缘的隔离，已与实际的世间绝缘，不复是可食的胡桃肉，而成为独立的美的形体了。

名家 介绍

丰子恺（1898—1975），原名丰润。中国画家、文学家、美术和音乐教育家。著有《音乐入门》，译有《西洋画派十二讲》和《源氏物语》《猎人日记》等多种外国文学作品。擅散文和诗词，文笔隽永清朗，语淡意深，有《缘缘堂随笔》等。

名家写作课

神秘老师　妙妙　奇奇

神秘老师：同学们，我们之前学习了鲁迅先生的《腊叶》，学会了拟物这种修辞，大家还有印象吗？

妙妙：当然记得。在《腊叶》这篇文章里，作者把自己当成一片树叶来写，含蓄而且生动。

神秘老师：没错，拟物的修辞手法有的时候能让文章形象生动。今天我们一起看看《胡桃云片》这篇文章，学习一下**以物拟物**的方法。

奇奇：以物拟物，是不是把甲物体当成乙物体来写呀？

神秘老师：对，大家通过文章体会一下以物拟物和把人拟物有什么区别吧。由于文章较长，我节选了一部分，大家着重看第二自然段。

妙妙：第二自然段主要介绍了胡桃云片的外形特征，包括胡桃的样子和云片的样子。

由于糕点非常难以用形容词来描写，所以作者另辟蹊径，**选择用拟物的修辞来形象说明胡桃云片的样子**。由于云片糕是一片一片的，所以每一片都好像一个"小小的画片"，这时**云片糕变成了画纸**，而**胡桃变成了画纸上的图案**。"每一片糕上都有胡桃肉的各种各样的切断面的形状"说明了胡桃形状不规则，"有许多极自然的曲线，描出变化多样的形象，疏疏密密地排列在这些小小的画片上"，此时作者描写的不是云片糕，而是把它当成了一幅画来介绍，那么这幅画上都有哪些图案呢？

我找到了，"有的像果物""有的像人形""有的像鸟兽"，把胡桃比拟成果物、人、鸟兽。

对于没见过或者没吃过云片糕的人来说，很难想象云片糕里夹着的胡桃会是什么样子，**作者通过使用拟物的修辞手法，形象地把胡桃形状比拟成我们生活中熟悉的事物**。经过很简单的转化，读者一下就能领会到作者想要表达的意思，这比用任何细致的描绘都更清楚。

接下来，作者又用同样的办法描写了云片的样子。夹着胡桃的云片糕，整体看起来，"有时像蠹鱼钻过的古书""有时像别的世界的地图""有时像古代的象形文字""颇像现在窗外的散布着秋云的天空"。

同样的道理，使用拟物的方式，把胡桃云片想象成不同的东西，比如世界地图，读者很容易想到，云片糕是纸张，而胡桃就是纸上的国家版图，胡桃云片的样子一下子就浮现在读者眼前了。

还真是呢，虽然我从没见过也没吃过云片糕，但从作者的文字中能想象到云片糕是什么样子，吃起来一定也很美味。

以后有机会可以尝一尝。我们接着往下看，松江人制作云片糕别出心裁。他们好像把云片糕真的当成画似的，"在糕的四周用红色的线条作一黄金律的缘"，经过这种处理，云片糕看起来"宛如在一幅中国画上加了装裱"，把云片糕比作一幅中国画。虽然我们不知道红色的线是怎么画出来的，但我们一定知道装了裱框的画是什么样的。两种不同事物相互类比，一比较，我们就能想到这种特殊的云片糕的样子了。可以说，这种拟物的手法不仅形象生动，而且营造了想象空间。

以前我在作文里只用拟人，没想到拟物也这么神奇，下次我也要试试。

文章就分析到这里，最后我们总结一下吧。

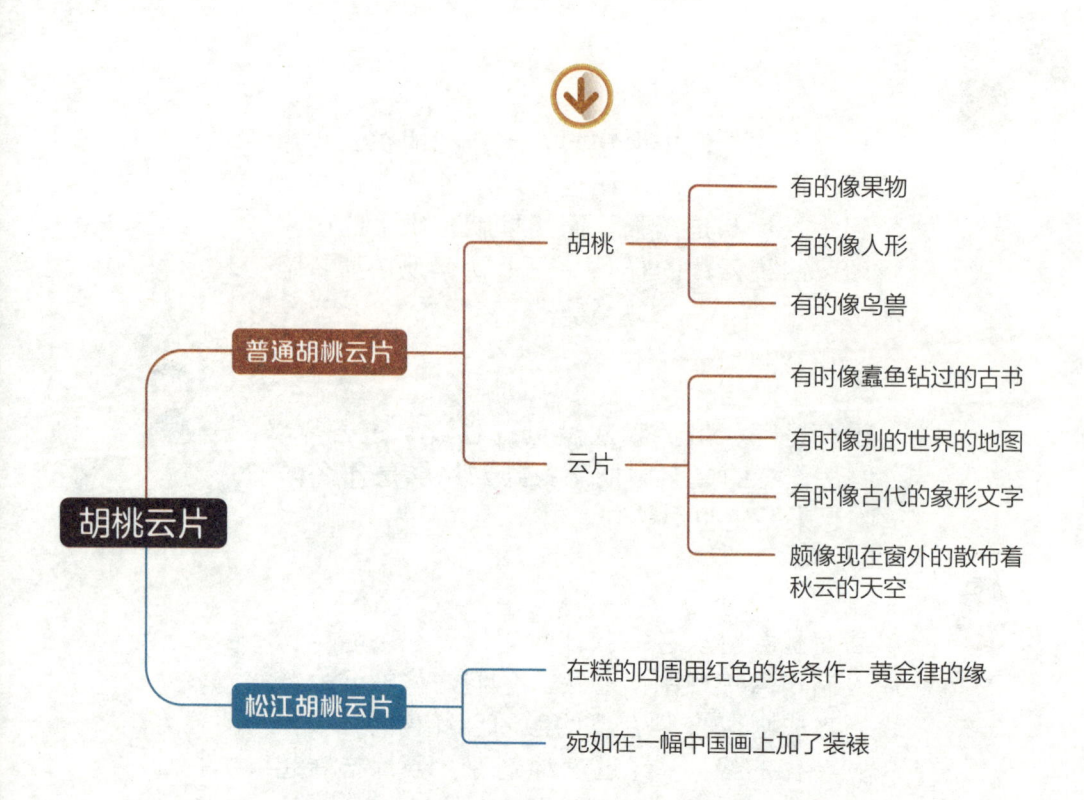

```
                                                  ┌── 有的像果物
                                    ┌── 胡桃 ─────┼── 有的像人形
                                    │             └── 有的像鸟兽
                  ┌── 普通胡桃云片 ──┤
                  │                 │             ┌── 有时像蠹鱼钻过的古书
                  │                 │             ├── 有时像别的世界的地图
                  │                 └── 云片 ─────┼── 有时像古代的象形文字
  胡桃云片 ───────┤                               └── 颇像现在窗外的散布着
                  │                                   秋云的天空
                  │
                  │                   ┌── 在糕的四周用红色的线条作一黄金律的缘
                  └── 松江胡桃云片 ───┤
                                      └── 宛如在一幅中国画上加了装裱
```

写作加油站

一、思路点拨

神秘老师

在《腊叶》这篇文章里，我们已经仔细介绍过了拟物的三种情况，其中把甲物当作乙物来写的情况也提到过。从今天学习的《胡桃云片》来看，把甲物当作乙物的拟物通常用在甲物不容易用语言描述的情况下。

奇奇

我们最近学习的关于美食的描写，好像美食都不太容易直接描写呢。植物或者动物都有各自的形态、颜色等特征，但美食比如手把肉、烙饼、核桃酪这些东西确实没有什么特征。

神秘老师

没错，所以对于此类事物，都可以用拟物的修辞来写。不过也不能随意使用拟物的修辞手法。拟物的前提仍然是两个物体之间存在共性。这种共性不一定是绝对的共性。

妙妙

老师，什么是绝对的共性呀？

神秘老师

我举例来说吧。

比如：明亮的路灯笔直地挺立在路边，指引我回家。

这句话的拟物就是绝对的共性，路灯就好像站岗的卫兵或警察叔叔，笔直地站着，保卫着晚归的人。这时，路灯和卫兵的共性就是显而易见的，很容易把他们联系起来。

再比如：在这张由铁锅绘制的画上，只有浅黄和焦黑两种墨色，却描绘出十分复杂的图形。

这句话是把烙饼当成了山水画来描写，这种共性就不是绝对的，因为它们之间的联系并不十分紧密，只是有一点像而已。

奇奇

还真是这样。老师不解释，我都不知道这是在写烙饼呢！

妙妙

也就是说，绝对的共性一眼就能看出甲物和乙物的联系；而非绝对的共性就是一下子很难发现它们的联系。

神秘老师

没错，就是这个意思。

二、技法指导

神秘老师

为了让大家更好地理解拟物的修辞，我们再来练习一下使用拟物来描写植物吧。

奇奇

我准备好迎接挑战了。

神秘老师

我们先来挑战描写树叶。如果让你写秋天的树叶，你会怎么使用拟物的修辞呢？

第一步，寻找一种和树叶有着共性的事物。

第二步，把树叶写成这种事物。

妙妙

和秋天的树叶相似的，我想到了蝴蝶。它们都是黄色的，而且树叶落下来时，就像蝴蝶在飞，所以我会这么写：

一片黄色的叶子离开了树枝，飞向了空中，乘着风拍打翅膀，最后缓缓降落在树下的草叶上。

神秘老师

很好,这种拟物充满了想象力,画面也很美。接下来是花,我们以梅花为例。如果让你描写梅花,应该怎么使用拟物呢?

奇奇

我见过的梅花很白,就像雪一样,我会这么写:
梅花绽放在枝头,就像落在枝头的雪花。

神秘老师

奇奇这么写不是拟物,而是比喻。这样写才是拟物:
寒冷的冬季把冷空气凝结在了梅花的枝头,风一来,片片花瓣飘落,为大地穿上一身银装。太阳出来了,花瓣融化了,融入了泥土中。

把梅花的盛开、飘落和消失,比拟成了雪花的形成、飘落和融化。这才是拟物。

奇奇

我懂了,我只是把梅花比作雪,但没有把梅花当成雪来描绘,所以才写成了比喻。

神秘老师

是这样的。无论是描写植物还是美食,我们使用拟物的时候一定要记住,要把甲当成乙来描写,描写才是重要的。

写作练笔

　　同学们，通过今天的学习，你掌握拟物这种修辞手法的用法了吗？快拿起笔试一试吧！

1. 选择一种你最喜欢的糕点。
2. 试着把它想象成某种很熟悉的事物。
3. 介绍这种糕点时，把它写成这种"熟悉的事物"。

老师/家长点评

名篇欣赏

冬 天 (节选)

▲朱自清

说起冬天，忽然想到豆腐。是一"小洋锅"（铝锅）白煮豆腐，热腾腾的。水滚着，像好些鱼眼睛，一小块一小块豆腐养在里面，嫩而滑，仿佛反穿的白狐大衣。锅在"洋炉子"上，和炉子都熏得乌黑乌黑，越显出豆腐的白。这是晚上，屋子老了，虽点着"洋灯"，也还是阴暗。围着桌子坐的是父亲跟我们哥儿三个。"洋炉子"太高了，父亲得常常站起来，微微地仰着脸，瞅着眼睛，从氤氲的热气里伸进筷子，夹起豆腐，一一地放在我们的酱油碟里。我们有时也自己动手，但炉子实在太高了，总还是坐享其成的多。这并不是吃饭，只是玩儿。父亲说晚上冷，吃了大家暖和些。我们都喜欢这种白水豆腐；一上桌就眼巴巴望着那锅，等着那热气，等着热气里从父亲筷子上掉下来的豆腐。

又是冬天，记得是阴历十一月十六晚上，跟S君P君在西湖里坐小划子。S君刚到杭州教书，事先来信说："我们要游西湖，不管它是冬天。"那晚月色真好，想起来还像照在身上。本来前一晚是"月当头"；也许十一月的月亮真有些特别吧。那时九点多了，湖上似乎只有我们一只划子。有点风，月光照着软软的水波；当间那一溜儿反光，像新研的银子。湖上的山只剩了淡淡的影子。山下偶尔有一两星灯火。S君口占两句诗道："数星灯火认渔村，淡墨轻描远黛痕。"我们都不大说话，只有均匀的桨声。我渐渐地快睡着了。P君"喂"了一下，才抬起眼皮，看见他在微笑。船夫问要不要上净寺去；是阿弥陀佛生日，那边蛮热闹的。到了寺里，殿上灯烛辉煌，满是佛婆念佛的声音，好像醒了一场梦。这已是十多年前的事了，S君还常常通着信，P君听说转变了好几次，在一个特税局里收特税了，以后便没有消息。

在台州过了一个冬天，一家四口子。台州是个山城，可以说在一个大谷里。只有一条二里长的大街。

别的路上白天简直不大见人；晚上一片漆黑。偶尔人家窗户里透出一点灯光，还有走路的拿着的火把，但那是少极了。我们住在山脚下。有的是山上松林里的风声，跟天上一只两只的鸟影。夏末到那里，春初便走，却好像老在过着冬天似的；可是即便真冬天也并不冷。我们住在楼上，书房临着大路；路上有人说话，可以清清楚楚地听见。但因为走路的人太少了，间或有点说话的声音，听起来还只当远风送来的，想不到就在窗外。我们是外路人，除上学校去之外，常只在家里坐着。妻也惯了那寂寞，只和我们爷儿们守着。外边虽老是冬天，家里却老是春天。有一回我上街去，回来的时候，楼下厨房的大方窗开着，并排地挨着她们母子三个；三张脸都带着天真微笑地向着我。似乎台州空空的，只有我们四人；天地空空的，也只有我们四人。那时是民国十年，妻刚从家里出来，满①自在。她死了快四年了，我却还老记着她那微笑的影子。

　　无论怎么冷，大风大雪，想到这些，我心上总是温暖的。

---

① 此处说法依照作者原文，现行规范说法为"蛮"。

名家 介绍

朱自清（1898—1948），原名自华。中国散文家、诗人、古典文学学者。1923年发表长诗《毁灭》，后又从事散文写作。著有诗集《雪朝》（与人合作），诗文集《踪迹》，散文集《背影》《欧游杂记》《你我》《伦敦杂记》，文艺论著《诗言志辨》《论雅俗共赏》等。

名家写作课

神秘老师　妙妙　奇奇

同学们，联想是写作文的时候一种非常重要的方法，今天我们就通过《冬天》这篇文章讲解一下联想的方法和类型。由于文章较长，我只节选了四个自然段。大家来看看都写了什么内容。

第一自然段写的是作者回忆起和父亲、兄弟们吃白水煮豆腐的情景。第二自然段描写作者和朋友在西湖划船。

第三自然段写的是作者回忆一家人住在台州时的温馨场景。

大家想一想，作者为什么会忽然想到这几件事呢？

第一自然段第一句说"说起冬天，忽然想到豆腐"，很明显之所以想到吃豆腐的场景是因为冬天的缘故。第二自然段"又是冬天，记得是阴历十一月十六晚上"，也说明是冬天。

第三自然段想到台州的生活，也是由于冬天。老师，这就是联想吧？

没错。和父亲兄弟吃煮豆腐，和朋友划船，和家人住在台州，这三件事原本完全没关系，就是因为"冬天"这个元素把它们串联起来，所以说作者是由冬天联想起三件事的。妙妙，你来说说第一件事是什么。

吃豆腐发生的时间是冬天的晚上，父亲和作者兄弟三人在家中的屋子里，围着洋炉子吃白煮豆腐。"水滚着，像好些鱼眼睛""一小块一小块豆腐养在里面，嫩而滑，仿佛反穿的白狐大衣"用了两个比喻句，生动形象地写出了滚开的水和白豆腐的形态。"这并不是吃饭，只是玩儿"，表现出一家人虽然吃着简单的豆腐，但由于一家人在一起，有了家庭的温暖，所以吃简单的东西也变得很好玩儿。

所以作者最后说"我们都喜欢这种白水豆腐；一上桌就眼巴巴望着那锅，等着那热气"，**大家盼望的只是白水煮豆腐吗？其实是一家人的团聚，是父亲给他们每个人夹豆腐的关怀和爱。**

而且我还发现，一家人围着火热的炉子，吃着热腾腾的豆腐，这种家庭的"温暖"和外面的冬天的"寒冷"形成了鲜明的对比。

171

奇奇这一点说得很好。第二自然段写的是作者和两位朋友冬天晚上在西湖夜游，"那晚月色真好"说明作者对当时的场景记忆犹新，这也与后面"这已是十多年前的事了"形成对比，当时度过美好时光的好友如今却只能通信或是毫无音讯了。奇奇，你再来说说第三自然段写了什么。

第三自然段前半段描写了冷清孤寂的画面，作者一家人住的地方人比较少，所以给作者一种"好像老在过着冬天似的"的错觉。

不过接下来，作者话锋一转，又说"外边虽老是冬天，家里却老是春天"。之所以会这样，是因为一次回家的时候，看到妻子和孩子趴在窗口微笑地等着作者回家。时间同样是"冬天的晚上"，地点是台州窗外的大街，这时人物换成了作者、妻子和孩子。同样是家庭的温暖，驱散了冬天的寒冷，和第一自然段吃豆腐的事几乎是一模一样的。

虽然作者描写的是三件不同的事，但都是由冬天联想出来的，都表达了亲人、朋友带来的温暖能驱散冬天的寒冷的主题。

没错，所以最后一自然段作者才会说"无论怎么冷，大风大雪，想到这些，我心上总是温暖的"。表面上看这两件事完全不相干，但就像妙妙说的那样，它们都是由"冬天"联想到的。并且故事的内核"亲人、朋友带来的温暖"是统一的。最后，我们简单梳理一下文章的思路。

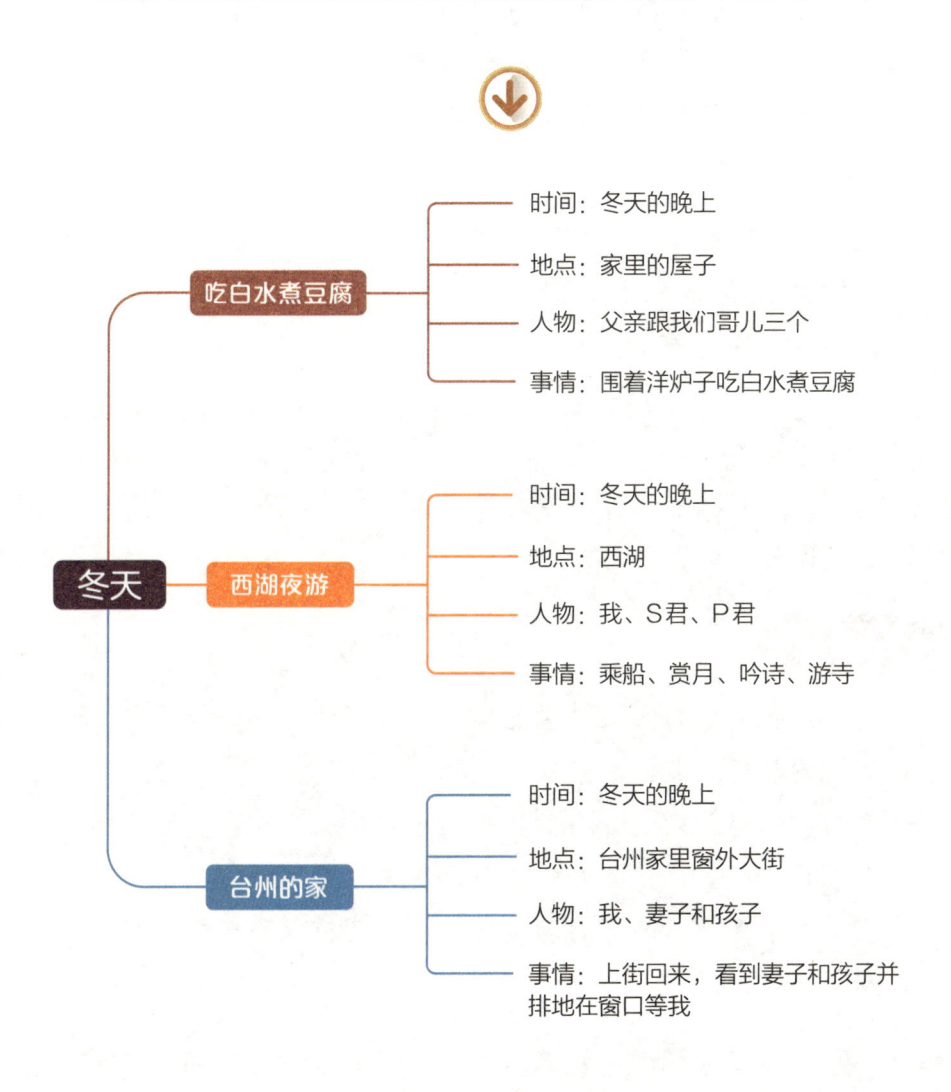

冬天
- 吃白水煮豆腐
  - 时间：冬天的晚上
  - 地点：家里的屋子
  - 人物：父亲跟我们哥儿三个
  - 事情：围着洋炉子吃白水煮豆腐
- 西湖夜游
  - 时间：冬天的晚上
  - 地点：西湖
  - 人物：我、S君、P君
  - 事情：乘船、赏月、吟诗、游寺
- 台州的家
  - 时间：冬天的晚上
  - 地点：台州家里窗外大街
  - 人物：我、妻子和孩子
  - 事情：上街回来，看到妻子和孩子并排地在窗口等我

写作加油站

一、思路点拨

神秘老师

联想的技巧，在我们平时写作文的时候有很大帮助。前面我们学习了虚实结合，在介绍虚实结合的时候，提到了一种联想型的虚实结合，实际上这种类型的"虚"就是联想出来的。文章里加入了联想的内容有以下好处：

1. 补充文章内容，对前文进行说明。
2. 渲染氛围，有助于文章抒情。
3. 作为文章过渡的方式。

妙妙

老师，今天我们学习的《冬天》这篇文章，联想的作用就是作为过渡的方式吧。

神秘老师

对，作者联想的时候，在段落第一句就写明了。不过，《冬天》的联想也兼具渲染氛围和抒情的作用。因为作者联想的内容属于回忆，回忆就是已经发生、不能再次发生的事情，而且又是美好的事情，现在已经不可能有了。在这种情况下，联想的功能虽然是过渡，但联想的内容却是抒情的。

奇奇

哇,听起来好复杂呀!看来联想这种方法还挺难的。

神秘老师

别担心,其实联想有很多方式。我们写作文用的联想很简单。

二、技法指导

妙妙

那在我们的作文里,要怎么用联想呢?

神秘老师

首先,我们要明确联想的类型。联想有很多种类型,我们常用的包括这几种:

1. 回忆联想。
2. 因果联想。
3. 相似联想。
4. 反向联想。

《冬天》这篇文章使用的就是回忆联想。由冬天解开了作者尘封已久的回忆,这才想起了小时候和家人吃煮豆腐、成家后在台州被妻子孩子等待回家的情景。

奇奇

因果联想就是由原因想到结果吗？

神秘老师

因果联想包括两种情况，第一种是由原因联想到结果，第二种是由结果联想到原因。举例来说，我们之前写过关于环保的作文，有些同学列举了现在诸多不环保的行为，最后结尾的时候写道：

我似乎看到了十几年之后，河流里漂满了塑料瓶，小动物们生活在垃圾堆积的山上，城市到处恶臭熏天……

这就是一种由原因联想到的结果，属于因果联想。

妙妙

因果联想具有警示作用。

神秘老师

没错。接下来我们接着说相似联想，因为事物之间在外形、性质、意义上的相似而由此想到彼的联想类型。

比如，我们学过的《臭豆腐》这篇文章，作者由臭豆腐想到了豆腐的其他制品，这就是在性质上类似，都是由大豆制成的。

再比如"春蚕"和"老师"，"梅花"和"君子"等。虽然它们在形态和性质都没什么联系，但象征意义是一样的。春蚕象征奉献，而老师也代表奉献；梅花表示品质高洁，而君子也是。所以由春蚕联想到老师，由梅花想到君子，就是相似联想。

奇奇

最后一种反向联想，是不是和对比一样呀？因为对比就是相反的两种事物的比较。

神秘老师

奇奇说得对。反向联想又叫对比联想，一般是由一个事物联想到与其有相反特点的事物。就像奇奇说的，这种联想通常用在说理或者反衬的场合。

比如在描写秋天的时候，联想到春天。一个是万物凋零，一个是万物复苏。通过对比，就能表达作者对新生命的期待。

妙妙

那么我描写黄昏的时候，联想到清晨的朝霞，也是反向联想吗？

神秘老师

是的。总之，使用联想不仅能丰富文章的素材，而且还能借此抒发不一样的情感。

写作练笔

同学们，通过《冬天》的学习，你掌握联想的作用和用法了吗？快拿起笔试一试吧！

1. 你喜欢秋天吗？秋天有哪些特点呢？
2. 每年秋天你最期待的美食是什么？
3. 试着由秋天发散思维，联想几种美食，并把它们介绍给朋友吧！

老师/家长点评

名篇欣赏

吃 的 （节选）

▲朱自清

提到欧洲的吃喝，谁总会想到巴黎，伦敦是算不上的。不用说别的，就说煎山药蛋吧。法国的切成小骨牌块儿，黄澄澄的，油汪汪的，香喷喷的；英国的"条儿"（chips）却半黄半黑，不冷不热，干干儿的什么味也没有，只可以当饱罢了。再说英国饭吃来吃去，主菜无非是煎炸牛肉排、羊排骨，配上两样素菜；记得在一个人家住过四个月，只吃过一回煎小牛肝儿，算是新花样。可是菜做得简单，也有好处；材料坏容易见出，像大陆上厨子将坏东西做成好样子，在英国是不会的。

吃饭要快，为的忙，欧洲人不能像咱们那样慢条斯理儿的，大家知道。干吗要少呢？为的卫生，固然不错，还有别的：女的男的都怕胖。女的怕胖，胖了难看；男的也爱那股标劲儿，要像个运动家。这个自然说的是中年人、少年人；老头子挺着个大肚子的却有的是。欧洲人一日三餐，分量颇不一样。像德国，早晨只有咖啡、面包，晚间常冷食，只有午饭重些。法国早晨是咖啡、月芽饼，午饭晚饭似乎一般分量。英国却早晚饭并重，午饭轻些。英国讲究早饭，和我国成都等处一样。有麦粥、火腿蛋、面包、茶，有时还有熏咸鱼、果子。午饭顶简单的，可以只吃一块烤面包，一杯咖啡；有些小饭店里出卖午饭盒子，是些冷鱼冷肉之类，却没有卖晚饭盒子的。

伦敦头等饭店总是法国菜，二等的有意大利菜、法国菜、瑞士菜之分；旧城馆子和茶饭店等才是本国味道。茶饭店与煎炸店其实都是小饭店的别称。茶饭店的"饭"原指的午饭，可是卖的东西并不简单，吃晚饭满成；煎炸店除了煎炸牛肉排、羊排骨之外，也卖别的。头等饭店没去过，意大利的馆子却去过两家。一家在牛津街，规模很不小，晚饭时有女杂耍和跳舞。只记得那回第一道菜是生蚝之类；一种特制的盘子，边上围着七八个圆格子，每格放半个生蚝，吃起来很雅相。另一家在由斯敦路，也是个热闹地方。这家却小小的，通心细粉做得最好；将粉切成半分来长的小圈儿，用黄油煎熟了，平铺在盘儿里，洒上干酪（计司）粉，轻松鲜美，妙不可言。还有炸"搦（nuò）气蚝"，鲜嫩清香，蝤（yóu）蛑（móu）、瑶柱，都不能及；只有宁波的蛎黄仿佛近之。

复活节（三月）时候，人家吃煎饼（pancake），茶饭店里也卖；这原是忏悔节（二月底）忏悔人晚饭后去教堂之前吃了好熬饿的，现在却在早晨吃了。饼薄而脆，微甜。北平中原公司卖的"胖开克"（煎饼的音译）却未免太"胖"，而且软了。——说到煎饼，想起一件事来：美国麻省勃克夏地方（Berkshire Country）有"吃煎饼竞争"的风俗，据《泰晤士报》说，一九三二的优胜者一气吃下四十二张饼，还有腊肠热咖啡。这可算"真正大肚皮"了。

英国人每日下午四时半左右要喝一回茶，就着烤面包黄油。请茶会时，自然还有别的，如火腿夹面包，生豌豆苗夹面包，茶馒头（tea scone）等等。他们很看重下午茶，几乎必不可少。又可乘此请客，比请晚饭简便省钱得多。英国人喜欢喝茶，对于喝咖啡，和法国人相反；他们也煮不好咖啡。喝的茶现在多半是印度茶；茶饭店里虽卖中国茶，但是主顾寥寥。不让利权外溢固然也有关系，可是不利于中国茶的宣传（如说制时不干净）和茶味太淡才是主要原因。印度茶色浓味苦，加上牛奶和糖正合式；中国红茶不够劲儿，可是香气好。奇怪的是茶饭店里卖的，色香味都淡得没影子。那样茶怎么会运出去，真莫名其妙。

街上偶然会碰着提着筐子卖落花生的（巴黎也有），推着四轮车卖炒栗子的，教人有故国之思。花生栗子都装好一小口袋一小口袋的，栗子车上有炭炉子，一面炒，一面装，一面卖。这些小本经纪在伦敦街上也颇古色古香，点缀一气。栗子是干炒，与我们"糖炒"的差得太多了。一英国人吃饭时也有干果，如核桃、榛子、榧子，还有巴西乌菱（原名 Brazil Ds，巴西出产，中国通称"美国乌菱"），乌菱实大而肥，香脆爽口，运到中国的 s 太干，便不大好。他们专有一种干果夹，像钳子，将干果夹进去，使劲一握夹子柄，"格"的一声，皮壳碎裂，有些蹦到远处，也好玩儿的。苏州有瓜子夹，像剪刀，却只透着玲珑小巧，用不上劲儿去。

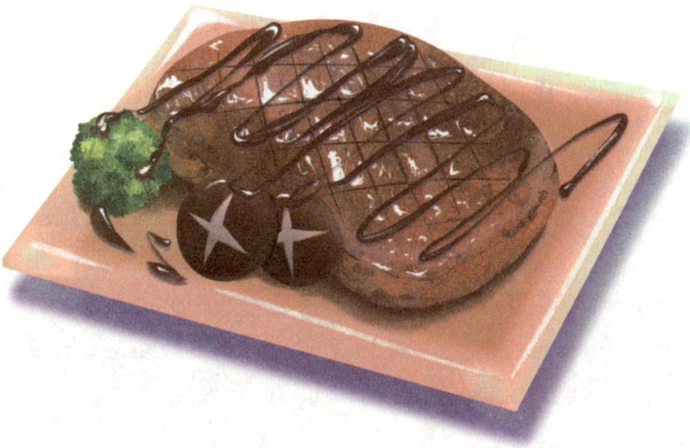

名家写作课

神秘老师　妙妙　奇奇

同学们还记得《冬天的麻雀》这篇文章吗？通过这篇散文，我们学习了反衬的手法。

我记得当时还讲到了反衬和对比的区别。

没错，妙妙的记忆力很好。今天我们就通过《吃的》这篇文章，来体会一下对比这种手法的应用。《吃的》是朱自清先生在欧洲游历期间写的一篇关于食物的文章。这里节选了一部分，我们来看看其中用到了哪些对比。

第一自然段开篇第一句就设立了对比的两个对象，一个是英国食物，一个是法国食物。作者用煎山药蛋为代表，对比了两个国家的美食。"法国的切成小骨牌块儿，黄澄澄的，油汪汪的，香喷喷的"，通过三个叠词，巧妙地展现了法国煎山药蛋的颜色、形态和味道；"英国的'条儿'却半黄半黑，不冷不热，干干儿的什么味也没有"，直接描述和评价体现出作者对英国的煎山药蛋很不喜欢。

通过对比的手法，把两种食物各自的优缺点摆出来，让读者清晰地了解它们的特点。 虽然作者表达了态度，但这两种食物之间并没有谁衬托谁，作者只是客观地描述罢了。

第二自然段提到了欧洲的一日三餐分量不同，作者挑选了德国、法国和英国三个国家进行对比。德国"早晨只有咖啡、面包，晚间常冷食，只有午饭重些"，**详细介绍了德国的早中晚饭的特点**；"法国早晨是咖啡、月芽饼，午饭晚饭似乎一般分量"，**详细介绍了早餐，略写了午饭和晚饭**；"英国却早晚饭并重，午饭轻些"，简单介绍了早中晚饭菜的分量。

通过对比三个国家早中晚饭的特点，让读者了解了"欧洲人一日三餐，分量颇不一样"的特点。另外，本段结尾的时候，作者由"英国讲究早饭"联想到了成都，进而详细介绍了英国的早餐种类，让我们进一步理解了为什么"英国却早晚饭并重"，是一种补充说明。

第三自然段，作者对比了英国的两种饭店和意大利的两种饭店。"茶饭店的'饭'原指的午饭，可是卖的东西并不简单，吃晚饭满成"，而"煎炸店除了煎炸牛肉排、羊排骨之外，也卖别的"。通过两种小店所卖的食物种类的对比，很容易就能找到它们的区别。

接下来作者又介绍了意大利的两个饭馆,"一家在牛津街,规模很不小,晚饭时有女杂耍和跳舞",杂耍和跳舞是他家的特色,另外作者还想到了吃生蚝时的情景,虽然这家店很小,但客人们吃起来很雅相。"另一家在由斯敦路……这家却小小的,通心细粉做得最好",这家同样很小,虽然没有上一家的表演,但通心粉是招牌菜。后边作者详细描写了通心粉的制作步骤,可以看出,作者对这个馆子的菜非常推崇。

通过对比,将两家店的不同特色展示得淋漓尽致。作者并没有贬低谁,也没有抬高谁,而是站在客观的角度进行描写。

假如使用衬托,就会有很强的偏向性。

没错,衬托往往带有作者的情感,而对比才能进行客观比较。最后,我们总结一下吧。

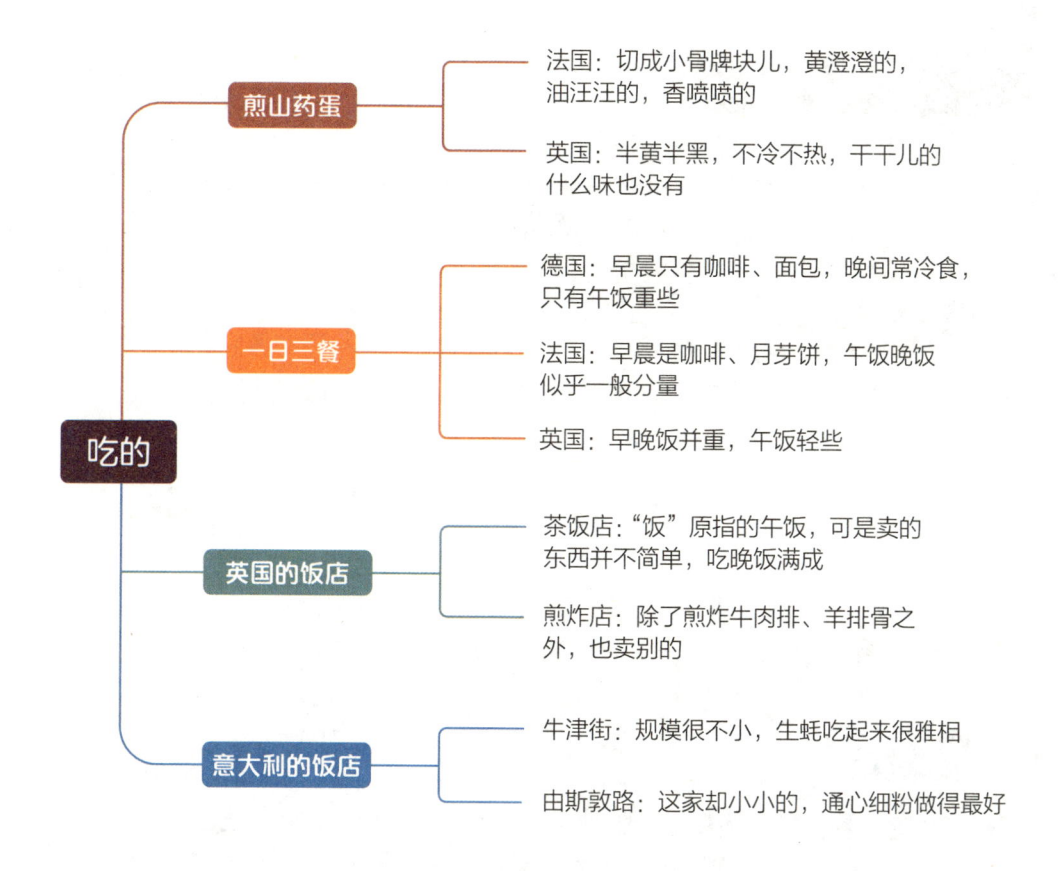

```
                    ┌─ 煎山药蛋 ─┬─ 法国：切成小骨牌块儿，黄澄澄的，
                    │           │         油汪汪的，香喷喷的
                    │           └─ 英国：半黄半黑，不冷不热，干干儿的
                    │                     什么味也没有
                    │
                    │           ┌─ 德国：早晨只有咖啡、面包，晚间常冷食，
                    │           │         只有午饭重些
                    ├─ 一日三餐 ┼─ 法国：早晨是咖啡、月芽饼，午饭晚饭
吃的 ─┤           │         似乎一般分量
                    │           └─ 英国：早晚饭并重，午饭轻些
                    │
                    │           ┌─ 茶饭店："饭"原指的午饭，可是卖的
                    ├─ 英国的饭店┤         东西并不简单，吃晚饭满成
                    │           └─ 煎炸店：除了煎炸牛肉排、羊排骨之
                    │                     外，也卖别的
                    │
                    │              ┌─ 牛津街：规模很不小，生蚝吃起来很雅相
                    └─ 意大利的饭店┤
                                   └─ 由斯敦路：这家却小小的，通心细粉做得最好
```

写作加油站

一、思路点拨

神秘老师

《吃的》分析完了，大家应该更能体会出对比和衬托的区别了吧！

妙妙

是的，老师。我发现对比手法就是把不同的事物放在相同的条件下，对比的双方地位是平等的。

奇奇

而衬托不同，衬托中的两种事物，一个高一个低，它们是不平等的。

神秘老师

很好。对比手法往往能使描写对象形成相互比照和呼应的关系，能充分显示出事物之间的不同点，突出它们各自的特征。另外，除了不同事物之间可以对比之外，同一种事物的不同方面也可以对比。

妙妙

同一种事物怎么对比呢？

神秘老师

比如我们描写糖醋排骨这种食物的时候，糖醋排骨有很多种味道，其中最具特点的就是甜味和酸味。我们可以通过描写酸味和甜味进行对比，来突出糖醋排骨在口味上的异同。

奇奇

我也想到了一种，比如描写黄昏的景色，虽然都是黄昏，但是晴天的黄昏和雨天的黄昏还是有很多不同的。通过将晴天的黄昏和雨天的黄昏进行对比，就能展示黄昏的多面性。

神秘老师

说得很好。通过这两个例子不难发现，对比手法有两种情况：

1. 反物对比。
2. 反面对比。

反物对比很好理解，特点不相同的两种事物放在一起对比都可以看成反物对比。反物对比能清晰展示不同事物的特点。

而反面对比则是针对同一种事物的不同方面，反面对比能展示同一事物的多面性。

二、技法指导

神秘老师

讲完了对比的作用和类型,接下来我们一起讨论一下在作文里应该如何使用对比的手法。

妙妙

我知道可以通过时间来对比,比如在描写小动物的时候,小时候什么样,长大了什么样,通过不同时间不同年龄的对比,体现小动物的成长轨迹和成长特点。

神秘老师

没错,时间对比是对比手法中的一种情况。我们常用的对比包括以下几种:

1. 时间对比。
2. 空间对比。
3. 特点与属性对比。
4. 情感与观点对比。

刚才妙妙说的时间对比就是第一种,在时间的维度上进行对比,能体现事物的变化规律。

奇奇

空间对比是怎么对比的,用在什么地方呢?

神秘老师

空间对比往往用在使用空间顺序描写事物的文章里。

比如描写冬天的风景，南方的冬天和北方的冬天有着明显的差异。分别描写并放在一起对比，这就是空间上的对比。

妙妙

第三种，特点与属性的对比，好像就是我们刚才在《吃的》里分析的对比吧？

神秘老师

没错，在描写多种不同的事物时，无论是食物、动物、植物还是建筑，它们都有各自的特点和属性。比如葱油饼和发面饼对比，柳树和杨树对比，故宫和克里姆林宫对比，这些都属于特点和属性的对比。

奇奇

那最后一种情感与观点怎么能对比呢？

神秘老师

当然可以啦！描写景物时，有的人看到秋天的落叶就会哀伤，而有的人则觉得那是一种美。你瞧，这就是情感的对比。

在议论文中，有人觉得见义勇为应该鼓励，但有的人说要量力而行。这就是观点的不同造成的对比。

奇奇

看来，对比的手法应用起来，比衬托的范围还要广泛呢！

写作练笔

同学们,今天我们分析了文章《吃的》中的对比手法,你学会了吗?快拿起笔试一试吧!

1. 你家里是谁负责做菜?你认为谁做菜更好吃呢?
2. 试着用对比的手法,分别描述家里不同的人做菜的相同点和不同点吧!

老师/家长点评

名篇欣赏

说笋之类（节选）

▲王任叔

近来常在小菜之间，偶然拨到几片笋，为了价昂，娘姨不能多买，也就在小菜里略略掺和几片，以示点缀。但这使我于举箸之时，油然地想到了故乡，不免有点"怀乡病"了。

因为爱吃笋，就想到乡间掘笋的故事，真可谓"一粥一饭，当思来处不易"。我家老屋后门，就有一大块竹山。

掘笋功事，非专家不办。大抵冬霜既降，而绿竹尚"秀色可餐"——这说来，自然是好吃的民族了——土地坚实异常；冬笋则必裂地而出。据说是人间春意，先发于地。竹根得春气之先，便茁新芽，是即为笋。笋伏处土中，日趋茁壮。乡人于此之时，即从事采掘，如发宝藏，虽并不容易，但乡人类能"善观气色""格竹"致知。从竹的年龄与枝叶的方位，知道它盘根所在。循根发掘，每每能获得"小黄猫"似的笋。我不大了解他们掘得笋时的喜悦心情，在我则是掘得新笋一株，赛获黄金万两。吃笋固然快乐，掘笋则更觉趣味无穷。

这也许由于我"得之也难，则爱之也深"。希望成于战士，地下的"小黄猫"，是人间的大希望。我于此而体念到人生的意味。大抵我的掘笋方法，专看地上裂缝。因笋有成竹而为箭的使命，所以特别顽强，不论土地如何结实，甚至有巨石高压，它必欲"挺身而出"，故初则裂地为缝，终则夺缝怒长。即有巨石，亦必被掀到一旁，大抵冬笋是它尚未出于地面之称，并非与毛缝笋为不同种类。一为毛笋，只须塌地斩断，不劳你东搜西寻了。所以一作羹汤，也就觉得鲜味稍杀。

在绿竹丛中黄草堆里，要寻到所谓笋的"爆"，实在困难。我家"长工看牛"之类，又常和我取笑，当我转过背去，就用锄向地上一掘，做成个假的"爆"，并且做出种种暗示，叫我向那爆裂处走去。一待我发现这个，便用力地掘，弄得筋疲力竭，还是一无所得，而他们却柱锄站立一旁，浅浅微笑了。"绝望之为虚妄，正与希望相同"，而我则不作如是想，大抵每一早晨，我非掘得一二株笋，是不愿回家的。

名家介绍

王任叔（1901—1972），中国作家、文艺理论家。1923年开始新文学创作。著有短篇小说集《监狱》《殉》《皮包与烟斗》，长篇小说《阿贵流浪记》《莽秀才造反记》，杂文集《遵命集》，论著《文学论稿》等。

名家写作课

神秘老师　　妙妙　　奇奇

同学们，还记得我们在讲《端午的鸭蛋》时，提到的多种表达方式配合使用吗？

当然记得啦，记叙、议论、抒情和描写，相互配合使用，能让文章更加丰富。

很好。今天我们就来学习一篇关于边叙述边抒情的文章《说笋之类》，一起体会一下抒情和叙述同时使用时的特殊作用。同样的，这篇文章比较长，我只节选了其中一部分。让我们逐段分析一下吧。

第一自然段是起因，娘姨买了几片笋做成了小菜，勾起了作者的回忆，想到了故乡。这里使用了回忆联想的手法。

奇奇很厉害，竟然用到了上次学到的知识。接下来我来说第二自然段，作者由吃笋，想到了掘笋，于是发出了感慨"真可谓'一粥一饭，当思来处不易'"，这是典型的抒情的语句。到这里，正文开始进入了回忆的内容。

大家看，作者先讲述吃笋的事，然后通过联想，发出了感慨。这就是边叙述边抒情。**叙述是抒情的基础，抒情是叙述的情感补充，让叙述的事情和情感相互交融。**

这样，读者就能更好地理解作者写这件事情的缘由，以及抒发的情感了。

就是这个目的。我们继续往下看。接下来，作者就想到了掘笋的故事。也是**先叙述**，向我们讲了冬笋生长"竹根得春气之先，便茁新芽，是即为笋"，此外还介绍了家乡的人寻找笋的绝招"善观气色"，以及寻找冬笋的方法——"从竹的年龄与枝叶的方位，知道它盘根所在"。最后由叙述的内容引发了作者的思考，"吃笋固然快乐，掘笋则更觉趣味无穷"，抒发了对掘笋的怀念之情。

第四自然段则是议论。分别描写了冬笋和毛笋的特点，冬笋"有成竹而为箭的使命"，所以性格坚强，寻找任何机会克服困难让自己成长，**这里使用了拟人的修辞，把冬笋拼命生长的形态描写得很生动。**

而毛笋则不同，"只须塌地斩断，不劳你东搜西寻了"，找起来很简单，所以通过比较，作者觉得毛笋"作羹汤，也就觉得鲜味稍杀"，很显然，冬笋因为更坚强，做起汤来更鲜美，而毛笋就差了很多。

最后一自然段讲了一件掘笋的趣事。主要讲了作者发现了寻笋的窍门，那就是找"爆"，长工发现了就做假的"爆"戏弄他，结果作者上当了。虽然被戏弄，但作者并不生气，而是感慨"要寻到所谓笋的'爆'，实在困难"，**体现了掘笋人的艰辛，也表现出作者对劳动者的赞美**。文章分析完了，大家反向思考一下，假如作者只讲述吃笋、掘笋和趣事，没有任何抒情和议论，将会怎么样？

如果只有叙述，文章就会显得干巴巴的，完全体会不到作者写文章的心情和情感。

就会变成流水账似的介绍，一点意思都没有了。

没错，这就是边叙述边抒情这种写作方法的好处。最后我们总结一下文章思路。

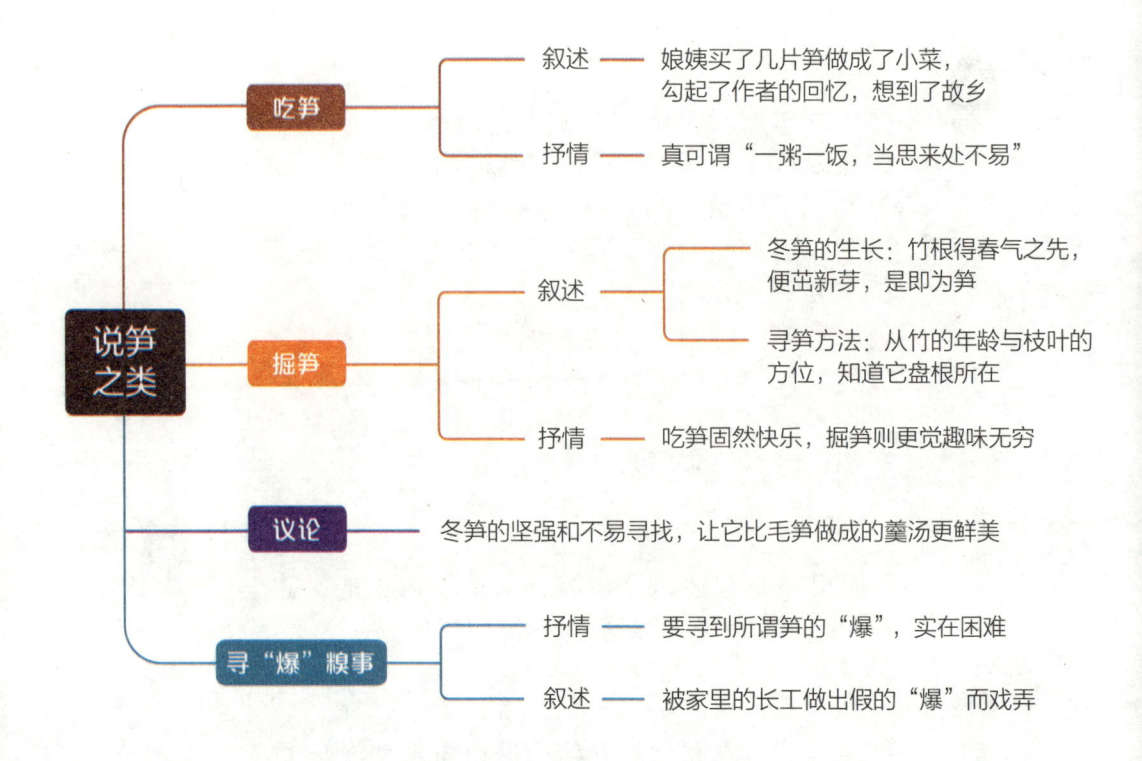

```
                                              ┌── 叙述 ── 娘姨买了几片笋做成了小菜，
                              ┌── 吃笋 ──────┤          勾起了作者的回忆，想到了故乡
                              │               └── 抒情 ── 真可谓"一粥一饭，当思来处不易"
                              │
                              │                          ┌── 冬笋的生长：竹根得春气之先，
                              │               ┌── 叙述 ──┤  便茁新芽，是即为笋
         ┌─ 说笋 ──┬── 掘笋 ──┤               └── 寻笋方法：从竹的年龄与枝叶的
         │   之类  │          │                           方位，知道它盘根所在
         │        │          └── 抒情 ── 吃笋固然快乐，掘笋则更觉趣味无穷
         │        │
         │        ├── 议论 ── 冬笋的坚强和不易寻找，让它比毛笋做成的羹汤更鲜美
         │        │
         │        │                ┌── 抒情 ── 要寻到所谓笋的"爆"，实在困难
         │        └─ 寻"爆"糗事 ──┤
         │                         └── 叙述 ── 被家里的长工做出假的"爆"而戏弄
```

写作加油站

一、思路点拨

神秘老师

边叙事边抒情的方式通常用在记叙文中，叙述的主要作用是交代事情的起因、经过和结果。而抒情的主要作用是借助叙事交代的细节来抒发情感。

奇奇

是先讲故事，再发感慨吗？

妙妙

当然不是啦，你这么写，会显得叙述和抒情没有任何关系，有种生拼硬凑的感觉。

神秘老师

妙妙说得对。边叙述边抒情可不是简单地把叙述和抒情放在一起就可以了，它们之间是有紧密联系的。边叙述边抒情在写作手法上叫作"因事缘情"，指的是由某件事引发出情感并表达出来。

奇奇

也就是说，边叙述边抒情，抒发的情感是由叙述的事情引发的。

神秘老师

没错。其实这种手法在唐诗里非常多，比如"独在异乡为异客，每逢佳节倍思亲"，这句诗词描写的是到了重阳节，作者看到其他人家的亲人团聚在一起登高插茱萸，于是引发了自己思念家乡兄弟的情感。

妙妙

今天我们学习的《说笋之类》也是这样：从掘笋的故事中，作者引发了"掘笋比吃笋更有乐趣"的感想。

神秘老师

另外，抒情也是叙事的一种补充，因为叙事的过程中往往也在表达情感，只不过读者有的时候不容易领悟到，通过抒情的方式明写出来，更方便读者理解。这一点，我们在写作文的时候要注意，因为有些同学觉得自己抒情了，但没明写出来，老师就看不到。

二、技法指导

神秘老师

说到这儿，接下来我们讲一下如何在叙述中表达情感。通常情况下，表达情感的方式有以下几种：

1. 修辞抒情。
2. 心理描写。
3. 环境描写。
4. 衬托描写。

奇奇

修辞还能表达情感？修辞不是让词句看起来有文采吗？

神秘老师

那只是修辞的作用之一。一般我们在作文里经常使用拟人、比喻、夸张、通感等修辞手法，其中比喻和拟人是最能通过文字描写表达情感的两种修辞。举个例子：

漫天飘飞的柳絮，仿佛织女剪裁的云衣从天而降，袅袅不绝。

漫天飘飞的柳絮，好像一群白色的苍蝇到处乱飞，闹得人心神不宁。

你们从这两个比喻句中能体会到什么？

妙妙

第一个比喻句把柳絮比喻成织女剪裁的云衣，从正面赞美了柳絮的轻盈飘逸。

奇奇

第二个比喻句把柳絮比喻成苍蝇，很明显作者想表达出讨厌柳絮的感情。

神秘老师

你们瞧，同一种本体，换了喻体，情感就会变得截然相反，这就是修辞表达情感的典型案例。

奇奇

原来是这样。

神秘老师

第二个是心理描写，这属于抒情的一种，意思是在描写景物、叙述事情的过程中，加入故事角色的心理描写，通过展示心理活动来表达此时此刻人物的情感，以及作者的情感。

这个方法通常在小说或者叙事比较强的故事中使用，我们了解即可。

妙妙

第三种环境描写，我们之前学过。通过描写环境表现情感，一般情况下，描写优美的环境就是表达高兴、乐观等正面情感，而描写恶劣的环境就是表达悲伤、恐惧等负面情感。

神秘老师

总结得很棒，看来大家对已经学过的知识掌握得不错。最后一种衬托描写大家也应该能理解，通过衬托的方式烘托情绪，在《荷塘月色》这篇文章中就有很多典型例子，这里不再赘述了。

写作练笔

同学们，通过今天的学习，你掌握边叙述边抒情的方法了吗？快拿起笔写一写吧！

1. 在你的生活经历中，有没有哪件令你感动的事和美食有关？
2. 请把这件事写下来，注意写的时候加上抒情。

老师/家长点评

名篇欣赏

食味杂记（节选）

▲王鲁彦

如其他的宁波人一般，我们家里每当十一二月间也要做一石左右米的点心，磨几斗糯米的汤果。所谓点心，就是有些地方的年糕，不过在我们那里还包括着形式略异的薄饼、厚饼、元宝等等。汤果则和汤团（有些地方叫作元宵团）完全是一类的东西，所差的是汤果只如钮子那样大小而且没有馅子。点心和汤果做成后，我们几乎天天要煮着当饭吃。我们一家人都非常喜欢这两种东西，正如其他的宁波人一般。

母亲、姐姐、妹妹和我都喜欢吃咸的东西。我们总是用菜煮点心和汤果。但父亲的口味恰和我们的相反，他喜欢吃甜的东西。我们每年盼望父亲回家过年，只是要煮点心和汤果吃时，父亲若在家里便有点为难了。父亲吃咸的东西正如我们吃甜的东西一般，一样的咽不下去。我们两方面都难以迁就。母亲是最要省钱的，到了这时也只有甜的和咸的各煮一锅。照普遍的宁波人的俗例，正月初一必须吃一天甜汤果，因此欢天喜地的元旦在我们是一个磨难的日子，我们常常私自谈起，都有点怪祖宗不该创下这种规例。腻滑滑的甜汤果，我们勉强而又勉强的还吃不下一碗，父亲却能吃三四碗。我们对于父亲的嗜好都觉得奇怪、神秘。"甜的东西是没有一点味的。"我每每对父亲说。

二十几年来，我不仅不喜欢吃甜的东西，而且看见甜的（糖却是例外）还害怕，而至于厌憎。去年珊妹给我的信中有一句"蜜饯一般甜的……"竟忽然引起了我的趣味，觉得甜的滋味中还有令人魂飞的诗意，不能不去探索一下。因此遇到甜的东西，每每捐除了成见，带着几分好奇心情去尝试。直到现在，我的舌头仿佛和以前不同了。它并不觉得甜的没有味，在甜的和咸的东西在面前时，它都要吃一点。"甜的东西是没有一点味的"，这句话我现在不说了。

名家 介绍

王鲁彦（1901—1944），原名王衡。中国作家。长期从事教育和编辑工作。抗日战争时期曾在桂林创办《文艺杂志》。作品多取材于乡村生活，反映旧中国悲惨的现实与世态的炎凉。著有短篇小说集《柚子》《黄金》《童年的悲哀》，长篇小说《野火》（后改名《愤怒的乡村》）等。

名家写作课

神秘老师　妙妙　奇奇

神秘老师： 同学们，我们写作文的时候，都会要求首尾呼应，你们知道呼应的作用和方法吗？

妙妙： 我只知道开头提到的中心句，结尾的时候还要再提一下，这就是首尾呼应。它的作用是能让文章结构更完整。

神秘老师： 很好。今天我们通过《食味杂记》这篇文章来学习呼应的用法。奇奇，你来说说这篇文章写了什么和表达了什么。

奇奇：《食味杂记》这篇文章，作者写了各种味道的食物，通过对味道和食物的描写，表达了作者对亲人的怀念、对故乡的思念之情。

神秘老师： 我们一段一段地来分析一下。首先是第一自然段，开篇就从宁波人的风俗说起，"每当十一二月间也要做一石左右米的点心，磨几斗糯米的汤果"，从后面的解释可以看出，点心就是年糕，汤果就是没有馅儿的元宵，这些都是为了过年而准备的。这在当时那个年代属于美味了，所以作者一家"天天要煮着当饭吃"。

第二自然段话锋一转，由美食就转移到了味道上。"母亲、姐姐、妹妹和我"喜欢咸口的，而父亲喜欢甜口的，于是出现了分歧。哪怕平日里最能省钱的母亲，也只能"甜的和咸的各煮一锅"。从母亲的"无奈举动"衬托出一家人在口味上的巨大差异，同时也体现出了作者对甜味食物的抗拒。

作者对甜味的抗拒，在后边的描写中更能体现。"正月初一必须吃一天甜汤果"，这对于爱吃咸的几个人可是"磨难的日子"，而且还私下里怪"祖宗不该创下这种规例"。通过小孩子的心理描写和刻画，更加突出作者对甜口的讨厌。

接着"我们勉强而又勉强的还吃不下一碗，父亲却能吃三四碗"，作者又使用了对比，表达了对甜的食物的厌恶。以至于后边说了一句话"甜的东西是没有一点味的"。大家记住这句话，后面还会出现的。

以上都是小时候的事情，第三自然段写的是二十几年后，作者看到糖还是害怕。不过偶然一次，妹妹的一封信让作者对甜的食物的态度发生了转变，"觉得甜的滋味中还有令人魂飞的诗意，不能不去探索一下"，经过尝试，作者对味道的态度发生了变化，"直到现在，我的舌头仿佛和以前不同了"，能吃一些甜的了。而且"甜的东西是没有一点味的"这句话也不再说了。

瞧,"甜的东西是没有一点味的"又出现了,上一次是二十几年前,作者对父亲说的,表达了对甜味的汤果的讨厌,但现在怎么又不说了呢?

因为作者现在能吃甜的了。

这只是表面的意思,有没有深层次的意味呢?

我觉得,作者之所以不再说"甜的东西是没有一点味的",会不会**是为了表现作者对父亲、对以前生活的怀念,甚至有一丝惋惜在里面?**

是的。以前作者不爱吃甜的,父亲还在;现在作者能吃甜的了,但父亲不在了。所以觉得很惋惜,没能和父亲一起吃甜的东西。

大家终于领悟到啦。说得没错,除了对父亲的惋惜,还有因为兄弟姐妹各自分散不能团聚,哪怕能吃甜的了,也不能再回到小时候的那种一家团圆的情景了,作者对此感到惋惜。**而这种情感的释放,是通过重复"甜的东西是没有一点味的"这句话实现的**,假如第三自然段结尾时没有这句话,我们就不能体会到文字背后的情感。**这就是呼应的效果。**最后我们总结一下文章的思路。

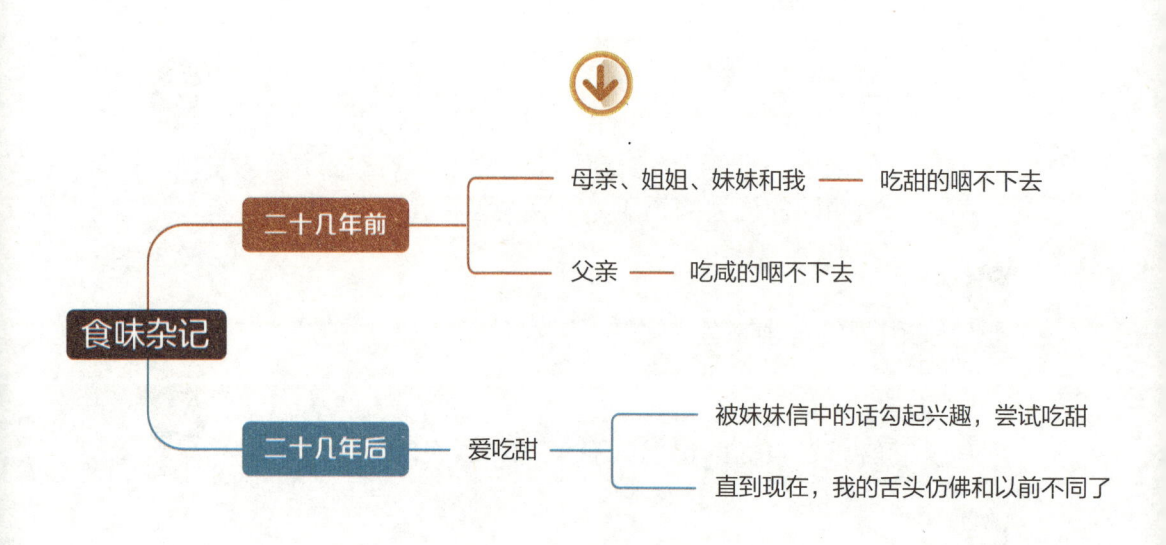

```
                                    ┌── 母亲、姐姐、妹妹和我 ── 吃甜的咽不下去
                    ┌ 二十几年前 ──┤
                    │              └── 父亲 ── 吃咸的咽不下去
       食味杂记 ──┤
                    │                          ┌── 被妹妹信中的话勾起兴趣，尝试吃甜
                    └ 二十几年后 ── 爱吃甜 ──┤
                                               └── 直到现在，我的舌头仿佛和以前不同了
```

写作加油站

一、思路点拨

神秘老师

通过对《食味杂记》的学习，大家应该能够感受到呼应在抒发情感上的表达效果，而这种效果实际上是通过结尾和文中呼应达到的。

妙妙

是的，和首尾呼应完全不同。

神秘老师

没错，首尾呼应一方面做到了"有始有终"，让文章结构比较完整。同时，开篇提出中心，结尾再次点明中心，起到了重申主题的效果。

而今天我们学习的结尾和文中内容呼应，却可以比较含蓄委婉地抒发情感，让读者大呼意外。

奇奇

是呀，结尾只是重复了文中的那句话，背后却隐藏着这么多信息，作者是怎么做到的呢？

神秘老师

其实主要是依靠情景反转来表现的。作者小时候不爱吃甜，甚至吃甜的就像在遭受"磨难"。而长大后又觉得吃甜是一种有趣的体验。这种前后完全不同的情景的对比，让同一句话产生了不同的意思。

妙妙

另外，我觉得还有对比的手法。

神秘老师

没错，文中使用了对比。不爱吃甜的时候，一家人是在一起的。而能吃甜的时候，一家人却分散了。这种强烈反差的对比，和情景的反转一样，都为两句话的呼应营造了情感的"良田"。这样作者对家人、对家乡的情感就能牵引出来了。

二、技法指导

神秘老师

像《食味杂记》中包含的高级呼应，我们了解就好。我们学会使用简单的呼应来写作文就可以了。一般情况下，呼应分成以下三种：

1. 首尾呼应。
2. 时间呼应。
3. 空间呼应。

妙妙

首尾呼应我们早就会了,时间呼应和空间呼应是什么意思呢?

神秘老师

首尾呼应可以用在任何类型的作文里。而时间呼应和空间呼应有限制条件。先来说时间呼应。时间呼应往往用在使用时间顺序的作文中。比如使用时间顺序叙事,使用时间顺序写景等。

举个例子,我们经常会遇到描写春夏秋冬景色的作文,很多同学会选择分开描写春夏秋冬各自的景色,例如春天万物复苏,夏天百花盛开,秋天五谷丰登,冬天雪花飘飘。

奇奇

我就经常这么写。

神秘老师

这么写非常简单。但如果大家都这么写,就没什么特色了。这时,可以在里面加入呼应。例如描写春天时,提一下小草。而描写冬天时,再提一下。通过冬天的小草和春天的小草的呼应,就能体现四季流转、生生不息的主题,文章的主旨一下就升华了。

妙妙

哇，这样的话就不用绞尽脑汁想中心思想，甚至都不用明说。这样文章不仅含蓄，而且耐人寻味。

神秘老师

没错，这就是典型的时间上的呼应。而空间呼应往往用在空间顺序的文章里，经常使用在描写景物上。

奇奇

难道也可以用在小草上吗？比如描写公园的景物，描写东边的景物写一下小草，描写西边时，也写一下小草。

神秘老师

这时用小草就不具有代表性了，因为描写景物时肯定会写到植物，而小草就是植物中的一员。这时可以用小鸟或者太阳。描写东边的景物时，看到了一只小鸟，简单描写；而写到西边景物时，又看到这只鸟。通过小鸟的方位的变化和呼应，给植物、建筑这些静物描写增加了动态元素，增添了灵动和活泼。

妙妙

通过老师的点拨，我忽然觉得呼应用好了，真的对文章有很大帮助呢。

写作练笔

同学们，通过《食味杂记》的学习，你掌握呼应的用法了吗？快拿起笔试一试吧！

1. 在成长过程中，你对味道的喜欢或者某种食物的态度有没有发生变化呢？
2. 试着把这种变化用呼应的方式写出来吧。

老师/家长点评

名篇欣赏

咬菜根

▲朱 湘

"咬得菜根，百事可做"，这句谚语，便是我们祖先留传下来，教我们不要怕吃苦的意思。

还记得少年的时候，立志要做一个轰轰烈烈的英雄，当时不知在哪本书内发现了这句格言，于是拿起案头的笔，将它恭楷抄出，粘在书桌右方的墙上，并且在胸中下了十二分的决心，在中饭时候，一定要牺牲别样的菜不吃，而专咬菜根。上桌之后，果然战退了肉丝焦炒香干的诱惑，致全力于青菜汤的碗里搜求菜根。找到之后，一面着力地咬，一面又在心中决定，将来做了英雄的时候，一定要叫老唐妈特别为我一人炒一大盘肉丝香干摆上得胜之筵。

萝卜当然也是一种菜根。有一个新鲜的早晨，在卖菜的吆喝声中，起身披衣出房，看见桌上放着一碗雪白的热气腾腾的粥，粥碗前是一盘腌菜，有长条的青黄色的豇豆，有灯笼形的通红的辣椒，还有萝卜，米白色而圆滑，有如一些煮熟了的鸡蛋。这与范文正的淡黄齑（jī）差得多远！我相信那个说"咬得菜根，百事可做"的老祖宗，要是看见了这样一顿早饭，会摇他那白发之头的。

还有一种菜根，白薯。但是白薯并不难咬，我看我们的那班能吃苦的祖先，如果由奈何桥或是望乡台在过年过节的时候回家，我们决不可供些什么煮得木头般硬的鸡或者浑身有刺的鱼。因为他们老人家的牙齿都掉完了，一定领略不了我们这班后人的孝心；我们不如供上一盘最容易咬的食品：煮白薯。

如果咬菜根能算得艰苦卓绝，那我简直可以算得艰苦卓绝中最艰苦卓绝的人了。因为我不单能咬白薯，并且能咬这白薯的皮。给我一个刚出灶的烤白薯，我是百事可做的；甚至教我将那金子一般黄的肉通通让给你，我都做得到。唯独有一件事，我却不肯做，那就是把烤白薯的皮也让给你；它是全个烤白薯的精华，又香又脆，正如那张红皮，是全个红烧肘子的精华一样。

山药、慈姑，也是菜根。但是你如果拿它们来给我咬，我并不拒绝。

我并非一个主张素食的人，但是却不反对咬菜根。据西方的植物学者的调查，中国人吃的菜蔬有六百种，比他们多六倍。我宁可这六百种的菜根，种种都咬到，都不肯咬一咬那名扬四海的猪尾或是那摇来乞怜的狗尾，或是那长了疮脓血也不多的耗子尾巴。

名家 介绍

朱湘（1904—1933），字子沅。中国诗人。诗风清峻幽婉，哀伤沉郁。著有诗集《夏天》《草莽集》《石门集》及散文、评论集《中书集》等；译著有《番石榴集》等

名家写作课

神秘老师　妙妙　奇奇

同学们，不久前，我们学习了议论文的三要素和简单的结构，今天我们通过《咬菜根》这篇文章，学习一种议论文的特殊方法——反驳论证。

什么是反驳论证呀？

反驳论证，顾名思义就是通过反驳来论证。这种方法不仅风趣幽默，又能说明事理。《咬菜根》这篇文章写作时间比较早，文字有很多和现代用法不一致的地方。为了方便同学们的理解，老师将它们改成了与现代用法一致的汉字。这篇文章通过"咬得菜根，百事可做"这个谚语引入，在之后的段落中，从相反的角度对这个观点进行了反驳。

第二自然段写的是作者小时候的一段经历。听说咬菜根就能成就大事之后，作者下定决心咬菜根，哪怕桌子上有再好的饭菜也不吃，"致全力于青菜汤的碗里搜求菜根"，准备在当了大英雄成就大事之后，"炒一大盘肉丝香干摆上得胜之筵"。

作者通过讲述小时候的经历，用少年天真的想法，表明了这样咬菜根是没有意义的。而且，这种少年的天真，反而从另一方面增添了叙述的幽默感和滑稽感，侧面讽刺了这句谚语。

接下来第三自然段写的是关于萝卜的事。作者认为萝卜也是菜根，但这种菜根不仅不难吃，反而很美味。随后列举了一个清晨吃早餐的例子，"一碗雪白的热气腾腾的粥"配上"米白色而圆滑"的腌萝卜，就是一顿十分美味的早餐啦。

而且这样的早餐并不奢侈。作者还幽默地写道"说'咬得菜根，百事可做'的老祖宗，要是看见了这样一顿早饭，会摇他那白发之头的"，所以通过吃萝卜的事，作者验证了这样的"咬菜根"算不得吃苦。言外之意就是，如果这样也能成大事，那所有人都是大英雄了。

第四自然段和第五自然段写的是吃白薯的事。作者认为白薯也是菜根，但白薯煮熟了之后很好吃，一点也不难咬。还提议要把给祖宗供奉的鸡鸭鱼肉换成白薯。

这两段，作者提议把鸡鸭鱼肉换成白薯，就好像一个不懂事的小孩子偷吃了鸡鸭，担心被骂，用白薯充数一样。这个画面多滑稽好笑呀！通过这种反驳，反而颠覆了那句谚语，咬菜根，并不一定能做百事。

后面作者说能吃烤白薯皮是什么意思呢?

这是全文最精华的反驳啦!老祖宗不是说咬菜根能吃苦,能成大事吗?作者不但不觉得咬菜根辛苦,而且还觉得好吃,比如白薯这种"菜根"的皮烤起来特别香,还把烤白薯皮比喻成红烧肘子的皮,美味到这程度,难道还是吃苦吗?**作者通过这种方式,反驳了"咬得菜根,百事可做"这句谚语,咬菜根不一定就是能吃苦。**

而且,文章结尾,作者还说宁肯吃菜根,也不肯吃猪尾巴,或者狗尾巴、老鼠尾巴。

没错,猪尾巴是下酒名菜,作者都不肯吃,偏偏喜欢吃菜根,这更说明"咬得菜根,百事可做"的说法实在靠不住。

老师,作者为什么要反驳这个谚语呢?

因为当时的社会中有很多迷信的人,作者想通过反驳这个谚语,讽刺那些虚伪与迷信的人。同时文章也体现了作者特立独行的气质,作者通过文章发出了不与世同的呐喊:能不能成大事,和"咬菜根"没有关系,只有自己付出努力才可能成大事。

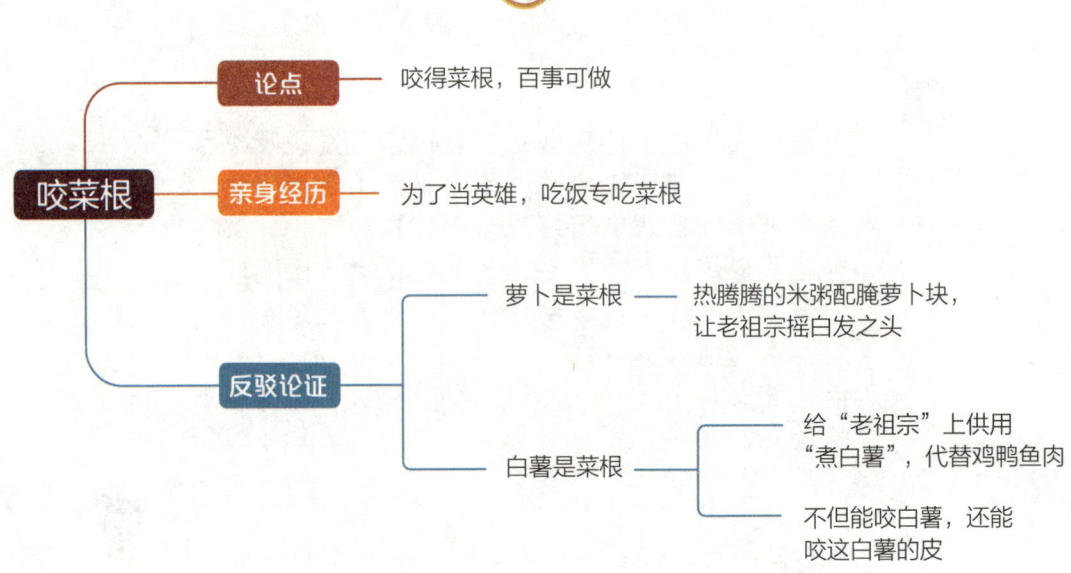

```
咬菜根
├─ 论点 ── 咬得菜根,百事可做
├─ 亲身经历 ── 为了当英雄,吃饭专吃菜根
└─ 反驳论证
    ├─ 萝卜是菜根 ── 热腾腾的米粥配腌萝卜块,让老祖宗摇白发之头
    └─ 白薯是菜根
        ├─ 给"老祖宗"上供用"煮白薯",代替鸡鸭鱼肉
        └─ 不但能咬白薯,还能咬这白薯的皮
```

写作加油站

一、思路点拨

神秘老师

我们前面介绍过议论文，实际上议论文有两种，一种是立论，一种是驳论。我们平时学习的是立论，也就是提出论点，然后用论据去论证。而第二种驳论，通常是在辩论中使用。

奇奇

驳论是通过反驳别人错误的论点，来树立自己正确的论点吗？

神秘老师

可以这么理解。今天我们学习的《咬菜根》，就是驳斥"咬得菜根，百事可做"这个谚语的。不过驳论文比较复杂，我们不多讲，大家只关注《咬菜根》里这种用反驳论证的方法就好了。

二、技法指导

神秘老师

反驳论证的思维方法不光可以在议论文中使用，在一些说理性的散文或者夹叙夹议的记叙文中也可以使用。比如我们经常写"环保"主题的文章，遇到这类文章，大家都会怎么写呢？

妙妙

我一般会使用对比的手法，先描写青山绿水的环境，表现出环境优美、生活美好；然后从反面写环境遭受污染的情景。通过好和坏的对比，让人们意识到环保的重要性。

奇奇

我和妙妙的思路不一样。我会开篇提出不环保，地球就会很糟糕的观点，然后利用并列结构列举三个环境污染导致人们生病的案例，让读者知道污染环境的危害。

神秘老师

很好，你们的思路都很棒。但你们注意到了吗？在你们的作文里，都提到了环境污染的案例，这和环保是相反的，其实就是用了反驳论证的思维，从反面提出案例来论证环保。

妙妙

还真是这样，我都没注意到！

神秘老师

你们使用了反驳论证的其中一种类型，叫作反面事例。此外，反驳论证还有反面道理和反面假设。

1. 反面事例指的是列举相反的事例来论证。
2. 反面道理是提出反面的名言警句或者推理来论证。
3. 反面假设是从反面提出假设，然后推导出结果，论证论点。

奇奇

老师，那今天学习的《咬菜根》算哪一种呢？

神秘老师

《咬菜根》是反面假设，从反面提出几种假设，萝卜、白薯都是菜根。然后提出疑问，如果吃这些菜根，是吃苦吗？紧接着经过推理，最终得出"萝卜白薯很美味，不算吃苦"的结论。那么"咬得菜根，百事可做"自然就不成立了。

不过，在我们这个阶段，在作文里使用反面事例就够用了。

写作练笔

同学们,通过今天的学习,你掌握反驳论证的方法了吗?快拿起笔,动手试一试吧。

1. "零食可以代替正餐",你同意这个观点吗?
2. 如果让你反驳这个观点,你会列举哪些事例呢?

老师/家长点评